EUGÈNE PLANTET

Les Colonies de Vacances pour Enfants Chétifs et Pauvres

EXTRAIT DE LA RÉFORME SOCI
DES 16 JUIN ET 1er JUILLET
1905

A Monsieur Louis Legoy,
Président de l'Œuvre des Colonies scolaires [illegible]

Bien sympathique homma[illegible]
Eugène [illegible]

EUGÈNE PLANTET

Les Colonies de Vacances pour Enfants Chétifs et Pauvres

EXTRAIT DE LA *RÉFORME SOCIALE*

DES 16 JUIN ET 1er JUILLET

1905

LES COLONIES DE VACANCES

POUR

ENFANTS CHÉTIFS ET PAUVRES [1]

Plusieurs notabilités du monde de la bienfaisance ont sollicité récemment des conseils de l'Office central des œuvres sur un mode nouveau d'assistance des enfants chétifs et déshérités.

On songe, en effet, de côtés divers, à propager en France l'institution, si répandue et si prospère à l'étranger, des colonies de vacances. A Paris comme en province, de grands efforts sont tentés pour raviver la sève de notre race dégénérée, et pour rendre à la fois la santé, la joie, l'énergie à la génération débile qui va nous suivre. Depuis quelques années, des expériences ont été faites sur ce terrain de culture délicate, et le domaine a été défriché suivant des méthodes aussi variées que discutées à l'heure actuelle.

C'est donc à bon droit que des philanthropes avisés, jugeant le moment venu de tirer profit de ces expériences, sont venus vous consulter. Ils se sont rappelés que l'une des plus flatteuses missions de l'Office des œuvres est de renseigner les gens de bien en pleine connaissance de cause, et d'être en mesure de déférer le plus utilement qu'il est possible à leurs désirs. Aussi, nous efforcerons-nous de correspondre à votre attente, en soumettant à vos appréciations les résultats d'une enquête générale sur l'œuvre dont il s'agit.

La question, en effet, est des plus complexes; il faut même avouer qu'elle inspire à des gens de bien fort experts en matière de charité l'enthousiasme ou la défiance. Ajoutons qu'elle est à la mode. La Société internationale pour l'étude des questions d'assistance l'a jugée digne de ses débats; la Société générale d'éducation et d'enseignement a cherché à fixer sur ce point sa doctrine; des Revues compétentes ont attiré l'attention sur elle; la presse a recueilli, çà et là, des échos touchants des villégiatures sani-

[1] Rapport présenté au Conseil d'administration de l'Office central des œuvres de bienfaisance, à la séance du 17 février 1905.

taires, et récolté des subsides des mères attendries; enfin les Pouvoirs publics ont jugé que les colonies scolaires pouvaient être subventionnées comme œuvres sociales. Il importe donc, Messieurs, qu'aucun fait important, relatif à cette institution de bienfaisance, n'échappe à votre attention. Ce rapport suffira, nous osons l'espérer, pour vous suggérer des vues d'ordre physique, matériel et moral d'un intérêt capital en la matière, et des conclusions pratiques de nature à servir les véritables intérêts des enfants pauvres.

L'idée première des colonies de vacances pour écoliers pauvres vient de M. le Pasteur Bion, de Zurich, et remonte à l'année 1876. La fondation de cet ingénieux philanthrope se propagea très vite en Suisse, en Allemagne, en Autriche, en Belgique, en Angleterre; elle existe aujourd'hui dans tous les pays d'Europe, aux États-Unis, en Australie, et même au Japon. On sait quel en est le but : assurer aux enfants délicats et malingres des villes ou des agglomérations industrielles une cure d'air de trois à quatre semaines, en pleine campagne, à la montagne ou à la mer, cure d'air aidée par l'exercice, une nourriture fortifiante, enfin la gaîté, le plus puissant des toniques. Le Pasteur Bion commença par emmener, pendant la belle saison, des petits groupes d'enfants choisis parmi les plus malingres sur les hauteurs du canton d'Appenzell. Il les installa chez des paysans, les surveilla lui-même, et fut extrêmement frappé des résultats obtenus chez ses pupilles, après les premières campagnes, tant au point de vue moral qu'en celui de la santé.

Peu à peu son système se perfectionna, des comités de patronage surgirent, des sociétés centralisèrent des fonds, pour éloigner ainsi, pendant quelques semaines, le plus d'enfants possible du milieu malsain dans lequel ils se trouvaient condamnés à végéter. Des médecins, des éducateurs préconisèrent certaines méthodes. Les uns s'en tinrent au placement des écoliers dispersés dans des fermes et chez les paysans, autour d'un village ; les autres préférèrent des foyers collectifs, des établissements d'internat, des villas scolaires. Il y eut bientôt deux systèmes, deux courants nettement opposés. Nous en parlerons plus loin.

Ce qu'il faut mentionner ici, ce sont les progrès véritablement surprenants que fit, à l'étranger, l'institution nouvelle, aussitôt que furent connus les succès de M. Bion.

Suivons l'ordre chronologique :

SUISSE. — La Suisse, bien entendu, commence par donner l'exemple.

En 1876, 68 enfants de Zurich, âgés de 9 à 12 ans, sont envoyés à la montagne pendant une partie de l'été. On en compte 100 l'année suivante, et 658 en 1900.

Cette année-là, 12 comités de placement familial fonctionnent dans cette ville. De 1876 à 1900, en 24 ans, ils donnent 21 jours d'air pur à 7.372 enfants et dépensent 317.080 francs, soit 43 francs pour 21 jours, ou 2 francs par tête et par jour.

Bâle en 1878, Aarau, Berne et Genève en 1879, puis Lucerne, Neufchâtel, Lausanne, etc..., fondent à leur tour des comités qui, dans une seule année (1899), donnent des vacances à 2.650 enfants et dépensent 116.081 francs, soit 44 francs par tête pour 21 jours.

Prix de revient : 2 fr. 32 par tête et par jour.

Aucune de ces œuvres suisses n'est subventionnée.

Aucune distinction de culte et de nationalité.

Cures quotidiennes de lait (Milchkuren) pour enfants de 6 à 9 ans, pendant 1 mois, dans les environs de leur résidence.

De 1882 à 1901, 14.990 enfants de Zurich en ont profité, pour une dépense de 58.842 francs, soit 4 francs environ par enfant.

DANEMARK. — Le Danemark pratique le placement des enfants pauvres et chétifs depuis 29 ans (1876), dans des familles de la campagne.

En 1881, 7.000 écoliers, en 1900, 14.000, de 7 à 14 ans sont conduits de Copenhague chez des fermiers, pour y passer six semaines de vacances au grand air.

33 % des élèves des écoles communales de Copenhague, soit 15.000 sur 40.000, bénéficient de cet avantage, grâce aux subventions de la ville et à la gratuité complète des chemins de fer.

BELGIQUE. — A Bruxelles, nous trouvons, dès 1878, un comité dit des « Villas des écoles », fondé pour établir des colonies scolaires, une auberge-internat à Cortenaeken, en 1880, une autre à Newport-les-Bains, en 1888.

L'Association des Marçunvins, nom bizarre destiné à rappeler la date de sa naissance (21 mars 1875), et créée pour venir en aide au « Denier des écoles », construit en 1892 la villa scolaire d'Hastière, près de Dinant, et en 1902 la villa scolaire de Westende-Plage.

Dans ces deux dernières colonies, près de 12.000 enfants des écoles communales sont venus se fortifier dans les dix dernières années (1892 à 1902). Dépenses de ces deux colonies en 1902 : 21.530 francs. 2.615 colons en 1902.

L'*Œuvre du grand air pour les petits*, fondée à Bruxelles en 1896, sous le patronage de la Princesse Albert de Belgique, s'occupe à la fois des enfants des écoles libres et communales.

10.080 colons en ont profité, de 1896 à 1902. 2.278 colons de 6 à 11 ans, pendant cette dernière année.

Budget de 1902 : 30.000 francs environ.

L'œuvre possède deux colonies d'internat, sans compter sa Villa de Wenduyne-sur-mer, où vont alternativement garçons et fillettes. Elle pratique aussi le placement familial pendant 8 jours.

Aucune subvention officielle.

Prix de revient : 1 fr. 25 par jour et par enfant.

Un Bon de vacances de 5 francs donne droit à une semaine, 4 Bons à un mois.

Le Comité de la Foire de Bruxelles a donné à la ville une Villa scolaire, à Nil-Saint-Vincent (Brabant), et consacre chaque année 3.600 francs à l'entretien et aux frais de voyage des enfants. Prix de revient : 1 fr. 25 par jour et par tête.

On compte encore à Bruxelles, comme œuvres s'occupant de cures d'air pour enfants pauvres :

Le Rayon de soleil,

La Feuille d'étain,

Le Cercle « Les sans noms »,

Le Cercle « Le Progrès », qui dispose de 6 colonies et d'une Villa scolaire à Blankenberghe.

A Anvers, nous relevons l'*Œuvre des colonies scolaires pour les écoles communales* (4 colonies), et l'*Œuvre des colonies scolaires catholiques ;*

A Liège, une villa scolaire appartenant à la ville ;

A Ixelles, une villa scolaire dépendante du « Denier de l'instruction », et la Société « L'Union », œuvre protestante de vacances pour enfants allemands ;

A Middelkerke, la Villa Johanna, colonie d'enfants israélites, et l'Œuvre de la Providence, dirigée par les Sœurs de Saint-Vincent-de Paul.

Bruges, Mons, Malines, Tournai, Olne, etc., ont des œuvres analogues.

Enfin nous en trouvons dans l'État indépendant du Congo, à Boma et à Nouvelle-Anvers, colonies scolaires desservies par des missionnaires.

Angleterre. — L'Angleterre suit le mouvement en 1878.

Deux grandes sociétés charitables : *The Children's Country holidays Fund, to provide fresh air for ailing London children*, fondée cette année-là par le Rév. Barnett, et *The Children's fresh air Mission*, fondée en 1882 par le Rév. Canney, ont envoyé, depuis leurs débuts, jusqu'à 1902, la première 470.000 enfants, la seconde 50.813, en tout 520.813 enfants des quartiers pauvres de Londres respirer l'air de la campagne.

Placement familial par groupes de 3 à 4 enfants et par colonies de 20 à 60 enfants par village. Les logeurs prennent 6 fr. 25 par semaine.

La première de ces œuvres a 55 comités à Londres et ses recettes s'élèvent, en 1902, à 590.000 fr. 20 colons en 1878, 34.259 en 1901, 20.000 en 1902, sur 800.000 enfants de la ville et de ses environs.

La seconde équilibre un budget plus modeste de 55 à 60.000 francs. 269 colons en 1882, 3.293 en 1901, 2.430 en 1902.

Aucune subvention de l'État ou des communes. 1/2 tarif des chemins de fer.

Prix de revient : 16 fr. 85 par tête pour 15 jours.

Conditions : enfants de 5 à 14 ans, chétifs et pauvres, des écoles libres ou officielles, anglicanes, catholiques ou juives.

Manchester, Birmingham, Leeds, etc., ont des sociétés analogues.

Une autre œuvre, créée à Londres par le Dr Bernardo et appelée *la Charité à meilleur marché*, procure des vacances d'un jour aux petits nécessiteux. Pour 8 livres, 200 enfants ont un jour de grand air.

Il a été créé à Ilford une succursale ou village de colons, et l'on y forme de jeunes recrues pour le service colonial et militaire d'outre-mer.

Autriche. — En Autriche, la première colonie de vacances est fondée à Vienne en 1879. *Spar und Unterstützungsverein* entre autres possède 8 stations régionales, dont 876 enfants pauvres et maladifs ont bénéficié en 1899. L'Empereur prête à l'œuvre l'un de ses châteaux.

L'*Association allemande de Prague* a des comités en Hongrie, en Bohême; elle a donné des cures d'air à 734 enfants en 1900.

Séjours d'un ou deux mois.

Subventions de l'État.

Tarif gratuit des chemins de fer.

États-Unis. — Viennent ensuite les États-Unis. Les *Summer Charity excursions* (œuvres d'excursions d'été) de Boston et Philadelphie datent de 1879.

A Boston, les Unions chrétiennes de jeunes gens ont une œuvre spéciale : *La semaine à la campagne.*

Les sociétés charitables de cette ville consacrent 10.000 francs par an à des excursions d'enfants pauvres pendant un jour. En 1902, 16.283 enfants, par groupes de 3 à 400, en ont profité.

Choix des enfants de 8 à 12 ans sans distinction de culte ou d'école. Placement familial.

The Children's Country Week Association, à Philadelphie, est très florissante; ses comités de Dames ont placé chez des fermiers, pendant une semaine, 238 enfants en 1878, 676 en 1879, 4.333 en 1894, et 6.412 en 1902.

Chicago possède une villa pour les enfants du peuple sur le lac Michigan.

A New-York, où les écoles publiques comptent 560.000 enfants, existent trois associations fort riches :

The Association for improving the condition of the poor a procuré la cure d'air à 22.136 enfants en 1902, à 254.876 enfants et adultes depuis sa fondation. Budget : 30.000 dollars.

The New-York Tribune fresh air Fund a 250 agences réparties dans tous les quartiers. Elle a donné des vacances, en 1902, à 9.130 enfants pendant quinze jours, à 27.738 pendant 1 jour, à 202.478 depuis sa fondation. Budget : 25.000 dollars.

La Little Mother's aid Association, ou Association pour venir en aide aux mères de famille, possède une villa scolaire, où sont reçus chaque année 1.000 enfants pauvres de 8 à 15 ans.

Budget : 8.000 dollars.

Aucune subvention officielle.

Gratuité des chemins de fer.

Prix de revient par enfant : 2 dollars par semaine et 0,80 cens par journée d'excursion.

ALLEMAGNE. — Les fondations de l'Allemagne datent de 1881.

Citons la première et la plus importante : l'*Association générale des colonies de vacances allemandes*, qui débuta à Berlin sous le haut patronage de l'Impératrice Frédéric.

Avec ses 234 comités de quartiers et ses 227 médecins se répartissant la besogne, elle a envoyé 3.739 enfants en 1901, 4.020 en 1902, dans ses 65 colonies à la mer ou à la campagne, et 23 demi-colonies aux environs de la capitale. Budget de 1901 : 155.445 francs.

Dans la seule année 1900, 183 institutions de vacances pour enfants pauvres, réparties dans les villes importantes de l'Empire, ont adopté 34.696 enfants et dépensé 1.216.435 francs.

Enfin, de 1885 à 1901, c'est-à-dire en 17 ans, les Allemands ont procuré des cures d'air, en colonies familiales ou collectives, à 486.975 colons.

Les Comités de Berlin, Leipsick, Hambourg, Dresde, Francfort, Dusseldorf, Cologne et 20 autres villes ont participé à ces exodes d'écoliers.

Pas de subventions officielles. Tarif gratuit des chemins de fer.

L'ITALIE entre, à la même époque, dans la voie des institutions d'hygiène qui nous occupent.

Milan a sa colonie en 1881, Brescia en 1884, Crémone en 1888, Bologne en 1889, Turin en 1892, Vérone en 1893, Florence en 1894, Bergame en 1898, Pavie et Rome en 1900, puis Gênes, Naples, Palerme, etc... Bref, en 1902, l'Italie compte 63 œuvres de vacances scolaires, dont 36 maritimes, 26 alpines et 1 sanatorium, ayant reçu, cette année-là, 7.743 enfants pauvres.

Subventions municipales.

Colonies d'internat et placement familial de 1 à 2 mois.

En RUSSIE, c'est Varsovie qui donne l'exemple en 1881, suivi peu à peu par Saint-Pétersbourg, Moscou, Kiew, Odessa, Riga et Tiflis.

La *Société des vacances scolaires* de Saint-Pétersbourg, fondée en 1891, est la plus active; elle envoie chaque année environ 1.200 enfants, de 9 à 14 ans, des écoles de la ville à la campagne.

De 1881 à 1900, on compte 20.000 enfants russes ayant bénéficié de cures d'air chez les paysans.

Placement familial.

Subventions de l'État.

En SUÈDE et NORVÈGE, on trouve une colonie à Christiania dès 1881. En 1900, l'œuvre est des plus prospères, et ne possède pas moins de 19 succursales abritant alors 700 écoliers.

L'Association de Stockholm, depuis sa fondation de 1884 jusqu'en 1898, a donné des vacances à 7.300 enfants, sous la direction des maîtres d'école. Durée : environ 10 semaines.

Subventions municipales.

Prix de revient : 0 fr.85 par jour et par enfant.

La HOLLANDE comprend à son tour les avantages des œuvres de ce genre. *La Société des colonies sanitaires* d'Amsterdam date de 1883; des sociétés similaires s'organisent à La Haye en 1884, à Rotterdam en 1885, à Groningue et Leenwarden en 1886.

Rotterdam possède deux maisons ou internats sanitaires; Harlem, Delft, Utrecht, Harlingen, ont des institutions dans le même but.

En une année, 1901, les Pays-Bas ont assuré la cure d'air de 3 semaines à 1.293 enfants répartis en 21 colonies, dont 12 au milieu des bois et 9 au bord de la mer.

Aucune subvention officielle.

Prix de revient : 1 fr.20 par jour et par enfant.

Nous aurons terminé cette revue rapide, quand nous aurons fait mention des colonies de vacances de Madrid, Grenade, Léon, Oviédo, Santiago et Barcelone en ESPAGNE (1887), de Claypole (chemins de fer du Sud), dans la RÉPUBLIQUE ARGENTINE (1902), de Tokio au JAPON (1901), de Melbourne en OCÉANIE (1900) (1).

Quand on compare tous ces efforts à ceux de notre pays, si attentif, à bien d'autres égards, aux besoins de la jeunesse, on arrive aux chiffres suivants : Sur 100.000 habitants, le Danemark assure des vacances à 552 enfants pauvres, l'Angleterre à 116, la Suisse à 104, l'Allemagne à 85, la Belgique à 38, la France à 21. Cette statistique, établie par M. ~~[illegible]~~ de Felice pour 1899, n'est sans

(1) Voir dans la *Revue philanthropique*, 10 juin et 10 juillet 1903, les articles de M. Arthur Delpy, à qui nous sommes redevable de beaucoup de renseignements sur les colonies de vacances à l'étranger. Tous les autres documents relatifs à Paris et aux départements nous ont été donnés directement au siège même des œuvres, et confirmés par leurs publications.

doute plus très juste à l'heure actuelle. Elle montre, du moins, que nous nous sommes laissé distancer de beaucoup par les nations étrangères, et que nous occupons le sixième rang dans la lutte des sociétés contre le dépérissement de leur race.

Et pourtant, s'il est un pays où cette lutte doive être reconnue comme une nécessité sociale, d'un intérêt primordial et d'une urgence incontestée, hélas! c'est bien le nôtre. La France est avec l'Irlande, à l'heure actuelle, la nation de l'Europe où la natalité est la moins élevée. Cette excessive décroissance fait le désespoir de l'économiste et du législateur. Tandis qu'en Prusse l'excédent des naissances sur les décès atteint 17 %, il n'est en France que de 0,8 %. Depuis 1890, cinq fois le nombre des décès a dépassé chez nous celui des naissances. En outre, de tous côtés, ce ne sont que décès d'enfants, des cris de mère éplorée. Si les naissances diminuent, d'année en année, de 35 à 40.000, les enfants en bas âge occupent une place désolante dans les tables de mortalité. Celle-ci atteint des proportions que les plus attentives et les plus sages mesures, prises pour l'atténuer, sont loin de rendre suffisantes (38 % des nouveau-nés à Paris, pendant la première année).

La scrofule emporte annuellement 30 % des enfants parisiens de moins de quinze ans.

Dans le tableau de la mortalité alcoolique, nous occupons le troisième rang, presque le deuxième, *ex æquo* avec la Belgique.

Quant à cet autre fléau, la tuberculose, il met au tombeau, chaque année, 150.000 Français (25 % des décès dans les villes, 20 % dans les campagnes). Il est juste d'ajouter que, parmi les tuberculeux décédés dans nos hôpitaux, 70 % sont alcooliques. Le Professeur Grancher, qui vient de fonder l'*Œuvre de la préservation de l'enfance contre la tuberculose*, a constaté que, dans une école primaire parisienne, une proportion de 14 % chez les garçons, de 17 % chez les filles, est menacée par le fléau.

Il y a lieu de rapporter aussi cette remarque, bien faite pour nous inquiéter, c'est qu'il meurt dans l'enfance plus de garçons que de filles, alors que l'équilibre se rétablit plus tard, et que les décès des femmes dépassent en nombre ceux des hommes, dans l'âge adulte et la vieillesse.

Les dispensaires et les cliniques regorgent de parents désarmés devant la faiblesse et l'anémie de leurs descendants. Si nous consultons les recensements officiels de 1903, nous voyons que, dans certains départements, comme le Calvados et les Vosges, plus de 50 % du contingent militaire a été ajourné.

Les campagnes se dépeuplent à vue d'œil. La classe ouvrière des villes, qui a pu résister aux microbes homicides, abrège ses jours dans une intempérance qui laisse après elle des dégénérés. Leurs tares héréditaires sont encore aggravées par les conditions anti-hygiéniques du logement et de l'atelier.

Enfin la criminalité juvénile a progressé dans une mesure effroyable. En 50 ans, elle s'est accrue de 140 % chez les mineurs de moins de 16 ans, de 247 % chez les mineurs de 16 à 21 ans. Les délits des mineurs, en 1901, se sont chiffrés par 34.450. Ajoutons qu'en 1900, l'on a compté 476 suicidés de 16 à 20 ans, alors qu'il y en avait 144 en 1840, et 319 en 1880. Pour comprendre de tels ravages, il faut lire dans l'un des ouvrages d'Henri Joly, *l'Enfance coupable,* le récit de tous les dangers auxquels est exposé, dans nos grandes villes, l'enfant moralement abandonné !

Puisque nous n'avons presque plus d'enfants, ne faut-il pas, à tout prix, conserver ceux qui nous restent ? Déjà Michelet, frappé, en 1861, de la constitution débile de nos enfants, résultant du surmenage et des excès de travail auxquels nous les livrons, avait donné cet avertissement : « Ces enfants ont dans le sang nos arts, mais aussi notre fatigue. D'effrayante précocité, ils pensent, ils savent, ils feraient. Mais ils ne font rien ; ils meurent. L'enfance de l'homme comme celle des plantes et de toute chose a besoin de repos, d'air, de douce liberté. Ici, tout lui est contraire, nos mérites autant que nos vices. Il faut couper court à cela. Il faut prévoir. Il faut tirer l'enfant de ce milieu funeste, l'ôter à l'homme et le donner à la nature... »

Or, voici que des hommes considérables dans la science médicale, les docteurs Grancher, Brouardel, Landouzy, Robin, bien d'autres encore, s'accordent aujourd'hui pour regarder *les Colonies de vacances* comme l'Œuvre de sauvetage et de prophylaxie la plus efficace. Au Congrès d'hygiène de Genève, le Dr Gœtze en parle comme des meilleures armes de guerre contre l'accroissement d'un prolétariat dégénéré. Le Professeur Landouzy les appelle « des croisades de paix et de rédemption », parce qu'à ses yeux, à la plus grande somme de validité correspond la moindre somme de misère morale. « La puériculture, dit-il, au moyen des colonies scolaires est comme la première ligne de défense contre la tuberculose, la deuxième comprenant les sanatoriums et la troisième les hôpitaux. Mais la première est la plus importante. » Pour préserver, a dit Pasteur, une race menacée par la maladie, le mieux, sans aucun doute, est de conserver la graine. Et le Professeur Grancher de déclarer que, « pour triompher de la tuberculose, il faut la prévoir ». Le Dr Venot, médecin de la villa scolaire du VIIe arrondissement, dit qu'il est impossible de faire une statistique, même approximative, du nombre des enfants préservés du fléau par les colonies de vacances. C'est également l'avis d'un spécialiste, le Dr Noir, Président du comité médical de l'Œuvre des colonies scolaires de vacances. Enfin, un nom encore. Le Dr Doyen voudrait que les petits Parisiens fussent envoyés, non par centaines, mais par milliers, tous les ans, à la campagne.

Il est aujourd'hui certain qu'une cure d'air de quelques semaines suffit, très souvent, pour faire d'un enfant malingre, et que des conditions locales menacent de rendre malade, un être solide et robuste à l'âge de sa formation. C'est la plante à demi fanée que l'on change de terre végétale ou que l'on déplace un moment, pour lui donner une poussée de sève et de la sorte la ressusciter. L'expérience des colonies de vacances, faite depuis vingt-cinq ans à l'étranger, a donné de tels résultats qu'on peut l'affirmer, si elle était pratiquée chez nous autant qu'elle doit l'être, on verrait le chiffre de la mortalité s'abaisser considérablement. Rappelant l'énergie des agents naturels, l'air, le soleil et l'eau, le premier promoteur des colonies scolaires de vacances à Paris a démontré « qu'avec le logement sain, l'aliment solide, les habitudes régulières, l'activité corporelle dans l'espace illimité, le repos de l'esprit et la gaieté de la camaraderie en congé », on pouvait obtenir *en un mois*, chez des enfants pauvres, des réactions vitales très supérieures à celles que retirent en deux mois les favoris de la fortune.

Bien des gens n'ont vu là qu'une affaire de sentiment, un hors-d'œuvre philanthropique, une sorte de raffinement de civilisation et de solidarité. Mais les faits et les chiffres sont venus démontrer qu'il ne s'agissait là ni d'utopie, ni de rêverie charitables. En prévoyants avisés de l'avenir, des hommes de bien sont venus joindre leurs efforts à ceux des médecins. Ils ont compris que l'institution suisse, d'hygiène préventive bien plutôt que curative, était devenue un besoin nouveau, une nécessité de notre époque; que rendre à la fois du sang, du muscle, de la vigueur, à la jeunesse était plus utile que de prolonger les vieillards, et qu'il y avait lieu de regarder comme un complément indispensable de l'école une méthode aussi capable d'améliorer, physiquement et moralement, les petits Français de demain.

Ils sont féconds, ces moyens de rendre la vigueur physique et morale, *mens sana in corpore sano*, aux enfants anémiés de nos grandes villes. Nous allons passer en revue les colonies scolaires de vacances fondées à Paris, indiquer en deux mots leur histoire, leur fonctionnement; puis nous donnerons un aperçu des institutions similaires établies dans nos provinces. Nous finirons en résumant les méthodes employées, les résultats acquis, les modes de propagande, enfin les vues suggérées par la pratique de ces œuvres, et jugées les plus nécessaires pour en favoriser l'essor.

Tout d'abord comment les classer? Il ne serait pas sans intérêt de les cataloguer suivant leurs méthodes, puisque, nous le verrons bientôt, celles-ci donnent des résultats un peu différents. Nous avons songé aussi à les distinguer suivant l'esprit qui les dirige, car, il faut bien le dire, si ces œuvres apparaissent, au premier abord, comme indépendantes de toute idée religieuse ou politique, on s'aperçoit bien vite, en les étudiant de près, qu'elles sont confessionnelles, ou même anticonfessionnelles. Les unes, en petit nombre, s'occupent d'engraissement. Les autres, plus nombreuses, font du dressage, du prosélytisme, de l'apostolat, selon la couleur de leurs bannières. Elles sont municipales, protestantes, catholiques, israélites, socialistes, ou soi-disant neutres. Or la neutralité, croyons-nous, n'est qu'un mot. Elle n'existe pas plus ici qu'à l'école, et, nous le savons tous, les enfants demeurent, à l'âge d'homme, le plus souvent sous l'influence de ceux qui leur ont fait du bien. Toutefois, ne l'oublions pas, il ne s'agit ici que d'une enquête. Laissant de côté les théories de sentiment contenues dans les brochures et comptes-rendus dont nous avons pris connaissance, théories sans autre but que de provoquer l'émotion avant de faire appel à la bourse, nous choisirons l'ordre chronologique, après avoir parlé des colonies scolaires organisées par la Ville de Paris.

I

Colonies scolaires municipales.

Depuis un quart de siècle, la Ville de Paris s'ingénie à multiplier, au profit des enfants du peuple, les œuvres post-scolaires, patronages, mutualités, classes de garde et de vacances. En 1882, elle organisa, pour les enfants les plus méritants, et non pas les plus débiles de ses écoles communales, des voyages, excursions et parties champêtres dans la banlieue.

Cinq ans après, en 1887, il fallut renoncer à ces promenades « fatigantes et demesurées, exécutées à la vapeur », dit le rapporteur au Conseil municipal, M. Blondel, incapables de donner des résultats appréciables, et d'ailleurs disproportionnées avec les forces d'enfants trop jeunes ou trop peu entraînés. L'année suivante, le Conseil décida que les fonds mis à la disposition des Caisses des écoles, pour les caravanes de vacances (10.000 francs), « pourraient servir à solder les frais de séjour hors Paris d'enfants souffreteux et malingres ».

Dès 1883, un administrateur de la Caisse des écoles du IXᵉ arrondissement, M. Edmond Cottinet, avait eu l'idée d'imiter les institutions suisses de vacances pour enfants pauvres et chétifs. Une centaine, choisis par lui dans les écoles de son quartier, étaient allés faire un séjour dans les Vosges et le Jura.

Bientôt ce nouveau mode d'assistance se propagea dans les autres écoles primaires. De 1884 à 1890, le système des colonies scolaires fut adopté successivement dans les vingt mairies de la ville, et préconisé sous les plus hauts patronages. C'est dans son *Paris bienfaisant* que Maxime du Camp appela de tous ses vœux, en 1888, cette nouvelle manifestation de la charité parisienne.

Pour la première fois, en 1889, une subvention municipale de 45.000 francs est attribuée aux Caisses des écoles, au prorata du nombre des enfants choisis pour en bénéficier. L'année suivante, 1890, le nombre des enfants envoyés à la campagne est de 1.088, la dépense de 102.000 francs. Ces chiffres progressent assez vite d'année en année. C'est ainsi qu'en 1902, le nombre des colons est de 5.806, la dépense de 316.000 fr. En 1903, nous trouvons 5.286 colons, et une dépense de 299.937 fr.; en 1904, 5.454 colons, pour une dépense de 347.552 fr.

Quant au prix de revient, qui s'élevait dans la première année à 3 fr. 83 par tête et par jour, il s'abaisse à 3 fr. 50 et 3 fr. pour 21 jours, durée de vacances uniformément adoptée dans chaque arrondissement.

Les colonies scolaires parisiennes auront chacune leur existence propre, dont le fonctionnement autonome sera réglé, d'après les conclusions d'un rapport de M. Hattat, par une délibération du Conseil municipal du 20 novembre 1893. Plus tard une autre délibération, du 22 juillet 1901, supprimera tout à fait les crédits affectés aux voyages de vacances, et le Conseil augmentera considérablement, sur la proposition de M. Deville, les subventions des colonies scolaires. De 45.000 fr., le chiffre sera porté à 55.000 fr.

ANNÉES	NOMBRE DES COLONS	DÉPENSE TOTALE	SUBVENTIONS DE LA VILLE	PRIX DE REVIENT	
				PAR ÉLÈVE	PAR JOUR
1890......	1.088	101.900	55.000	87.07	3.83
1891......	1.406	124.280	80.000	83.24	3.78
1892......	2.189	165.750	80.000	80.45	3.50
1893......	2.608	196.200	80.000	79.32	3.21
1894......	3.473	230.000	150.000	69.36	3.30
1895......	3.434	218.000	156.000	66.65	3.17
1896......	4.347	263.900	200.000	63.89	3.04
1897......	4.461	271.700	200.000	64.19	3.05
1898......	4.348	275.500	200.000	64.36	3.01
1899......	4.556	286.900	200.000	62.97	3.
1900......	4.831	305.000	210.000	61.05	3.04
1901......	4.896	280.000	200.000	57.15	2.85
1902......	5.866	316.900	200.000	54.01	2.91
1903......	5.286	299.937	203.000	63.	3.
1904......	5.454	364.128	203.100	57.68	2.70

en 1890, à 150.000 fr. en 1895, à 200.000 fr. en 1902, et à 203.000 fr. en 1904.

Enfin la circulaire du Préfet de la Seine du 22 février 1904 laissera l'organisation complète des colonies au soin des Comités d'administration des Caisses des écoles, en leur recommandant seulement de choisir toujours des enfants débiles et chétifs, et d'après l'avis des médecins-inspecteurs [1].

Chaque colonie a son siège à la mairie de l'arrondissement auquel elle appartient. Plusieurs d'entre elles méritent une mention spéciale : Le VIIe arrondissement est propriétaire, à Saint-Germain-en-Laye, d'une villa scolaire qui ne coûta pas moins de 100.000 fr.; le IIIe, d'un bel immeuble à Vert-le-Grand (Seine-et-Oise); le XIe, d'un vaste domaine, aménagé pour recevoir 200 enfants à la fois, à Mandres (Vosges); le Xe, d'une splendide maison de campagne à Châtillon (Côte-d'Or); le XVIIIe, du château historique de Luzancy (Seine-et-Marne), ayant appartenu à Marie Leczinska.

Disons, en passant, que ces résidences ont le grand défaut d'être d'un luxe inutile. En sortant de là, les enfants pourront souffrir davantage de leur rang social, et l'on peut se demander s'il n'y a pas là un danger de paresse, de découragement et d'envie, qu'il serait sage d'éviter.

Les Caisses des écoles qui n'ont pas les moyens d'avoir une propriété en louent, ou se contentent d'utiliser des établissements scolaires vacants, qu'on leur prête pendant l'été. Elles ont toutes adopté

[1] « Les subventions municipales sont réparties entre les Comités des différentes caisses, suivant le nombre des enfants désignés, gratuits ou payants, et le montant de l'allocation des Comités. Les municipalités et les inspecteurs administrent et dirigent eux-mêmes les colonies scolaires, dressent les programmes et choisissent les lieux de séjour.

Le choix de la localité doit être déterminé par les conditions de salubrité et les facilités d'installation, généralement dans des collèges communaux ou des institutions libres. Les enfants sont choisis par un comité médical, parmi les pauvres d'une santé délicate, et sur lesquels le grand air et l'exercice peuvent avoir un effet salutaire, infirmes ou malades exceptés.

Quant à la durée du séjour des élèves, elle ne peut excéder 21 jours pleins. Il a été reconnu, en effet, que trois semaines peuvent suffire au développement des colons, et que la prolongation du séjour, outre qu'elle constitue une dépense inutile, a l'inconvénient d'éloigner trop longtemps des enfants encore jeunes de la maison paternelle.

En ce qui concerne la dépense moyenne par élève, elle s'élève de 70 à 75 francs par tête, tout compris, pour un séjour de 21 jours (3 fr. 50 par jour). Les Caisses des écoles doivent pourvoir à cette dépense au moyen de leurs propres fonds, des subventions qui leur sont allouées par le Conseil municipal, des cotisations des élèves payants et des dons divers. »

Tableau des colonies de vacances des écoles municipales de Paris en 1904.

Arrondissements	LOCALITÉS	Jours de vacances	Nombre des enfants	Subventions des Caisses des écoles	Subventions du Conseil municipal	Recettes totales	Prix de revient par élève	Prix de revient par jour	Dépense totale
I........	Morteau (Doubs) et Condeville (Manche).......	21	100	3.500	3.000	4.095	75.45	3.60	7.795
II........	Vermondois (Doubs)...........................	21	130	5.500	2.500	5.500	67.20	3.20	8.736
III........	Vert-le-Grand (Seine-et-Oise)..................	21	220	8.000	6.000	8.000	42.	2.	16.030
IV........	Id.	21	220	6.600	6.000	8.455	63.	3.	14.454
V........	Id.	21	300	3.500	10.300	3.900	56.70	2.70	17.000
VI........	Vermondois (Doubs) et Sables-d'Olonne (Vendée).	20	98	1.500	4.000	1.600	66.30	3.30	6.500
VII......	Saint-Germain-en-Laye (Seine-et-Oise)........	21	150	5.000	3.400	5.000	62.	2.95	9.687
VIII.....	Condé-sur-Noireau (Calvados) et collège de Flers (Orne)......................................	21	115	5.000	1.000	8.200	65.45	2.75	7.923
IX........	Toucy (Yonne) et Vert (Seine-et-Oise)..........	30	145	8.592	3.500	8.592	70.20	2.35	12.889
X........	Châtillon-sur-Seine...........................	21	400	6.000	10.000	6.500	58.60	2.80	25.040
XI	Mandres-sur-Vair (Vosges)....................	21	612	5.600	35.000	5.600	47.90	2.30	50.800
XII......	Boulogne-sur-Mer et Fontainebleau............	20	540	16.000	14.000	16.000	52.80	2.65	28.512
XIII.....	Boulogne-sur-Mer et Sables-d'Olonne..........	21	300	3.000	13.300	3.700	42.60	2.	19.108
XIV.....	Mers-sur-Mer, Berck et Sables-d'Olonne.......	21	200	5.440	7.500	5.440	68.65	3.25	13.440
XV	Collège de Melun (Seine-et-Marne)............	21	270	3.500	12.000	3.900	58.90	2.80	15.902
XVI.....	Audincourt (Doubs) et Vermondois (Doubs)...	21	140	5.800	2.500	5.800	62.85	3.	8.800
XVII....	Mers-s.-mer (Somme) et Montlhéry (S.-et-O.).	21	418	5.444	10.000	16.666	39.87	2.	16.666
XVIII...	Luzancy (Seine-et-Oise).......................	21	380	3.158	22.500	3.158	39.90	1.90	41.158
XIX	Malesherbes, Villers-Cotterets et les Sables-d'Olonne..	21	375	4.641	18.500	5.212	63.	3.15	23.812
XX......	Collège de Melun (Seine-et-Marne)............	21	341	1.400	18.000	1.598	43.	2.	19.976
	TOTAUX OU MOYENNES.............	21	5.454	107.142	203.100	126.916	50.30	2.70	364.128

le système de la colonie d'internat, sous la surveillance d'instituteurs ou d'institutrices.

Les arrondissements qui envoient le plus d'enfants en vacances sont : le XIe, 612 colons en 1904; le XIIe, 540 ; le XVIIe, 418; le Xe, 400. Ceux qui en envoient le moins sont : le IIe, 130 colons; le VIIIe, 115; le Ier, 100; le VIe, 98. Ils sont tous subventionnés par la Ligue de l'enseignement.

Puisque nous avons parlé des subventions de la ville, donnons des chiffres concernant la contribution des 20 caisses des écoles : 58.564 francs en 1895, 97.700 francs en 1902, 107.142 francs en 1904.

Presque toutes les Caisses des écoles publient un rapport annuel sur les résultats de leur colonie. Il est superflu d'ajouter qu'on y trouve les renseignements les plus instructifs sur la manière dont elles sont comprises et dirigées.

Nous en dégagerons un fait capital, ou plutôt ces chiffres, plus éloquents que bien des livres :

En vingt ans, de 1884 à 1904, Paris n'a donné des vacances au grand air qu'à 62.000 enfants pauvres. La population scolaire des écoles communales de la ville était de 142.287 élèves, en 1902; 5.329 ont seulement bénéficié des colonies, dans la proportion de 3 3/4 %. Les écoles maternelles et enfantines comprenaient à la même époque 41.395 enfants en bas âge ; 100 ont été envoyés seulement hors Paris, soit un total de colons de 5.429. Or, pendant la même année, une Société de bienfaisance de Londres assurait, à elle seule, des vacances à 34.250 enfants pauvres. Pendant que la ville de Copenhague envoyait à la campagne 33 % des enfants de ses écoles communales, redisons-le, Paris n'en envoyait même pas 4 % !

II

Colonies privées.

Passons maintenant aux 26 institutions privées que nous connaissons à Paris, puis aux 40 Comités de patronages et de paroisses s'occupant de procurer des vacances aux enfants pauvres de la capitale. Nous mentionnerons ensuite les colonies que nous avons pu découvrir, fonctionnant actuellement dans 56 villes de France.

1881. — *Œuvre des Trois Semaines.* — Fondée et dirigée par M. le Pasteur Lorriaux depuis 1881. Siège social : 51, rue Gide, à Levallois-Perret.

Enfants de 6 à 13 ans. L'œuvre, d'un caractère exclusif et confessionnel à ses débuts, admet aujourd'hui des enfants de religion différente. Culte protestant. Toute controverse est bannie des réunions et conférences. Internat et placement familial.

4 Colonies d'internat, dont 2 à la mer et 2 à la campagne :

« La Clé des Champs », pour filles, à Montjavoult (Oise), 1891.

« La Sapinière », pour garçons, même localité.

« La Brise de Mer », pour filles, à Ver-sur-Mer (Calvados), 1894.

« L'Étoile de Mer », pour garçons, à Courseulles-sur-Mer (Calvados), 1892.

Placement familial chez des cultivateurs, par groupes de 2 à 8 enfants, à Saint-Denis-les-Rebais (Seine-et-Marne), à Nanteuil-lès-Meaux (Seine-et-Marne), et à Saint-Aubin-sur-Mer (Calvados).

En 1881, 3 colons; en 1890, 420; en 1900, 1.462; en 1901, 1.630; en 1902, 1.756 et 125 mères de famille; en 1903, 1.965 colons de tous les quartiers. Plus de 15.000 depuis la fondation.

Budget de 1881, 150 fr.; de 1890, 17.207 fr.; de 1900, 48.615 fr.; de 1902, 60.267 fr. 85; de 1903, 67.619 fr.

Prix de revient : 40 fr., voyage compris, pour 3 semaines; 70 fr. pour 1 mois à la mer.

Clients de l'œuvre : L'Union amicale des jeunes filles des VIIIe et XVIIe arrondissements, du Patronage de jeunes filles de la rue Legendre, etc.

1882. — *Œuvre des Colonies de vacances dite de la Chaussée-du-Maine.* — Fondée par Mme de Pressensé en 1882 et reconnue d'utilité publique en 1890. Siège social, 2, cité Gaillard. Présidente : Mme Franck-Puaux. Directrice : Mlle Delassaux.

Enfants de 5 à 15 ans, sans distinction de religion et de nationalité. Séjours de 1 à 3 mois. Cultes protestant et catholique.

Internat et placement familial.

6 Colonies d'internat, dont 2 à la mer et 4 à la campagne : « Les Bézards » (Loiret), ferme prêtée par Mme d'Eichthal (1882).

Châtillon-sur-Loire et Ousson (Loiret), (1897).

Nogent-sur-Vernisson (Loiret), (1897).

« Maison Bleue », à Containville-Plage (Manche), (1901).

Huppy (Somme).

Placement familial, même en hiver, dans 170 familles de cultivateurs du Loiret.

Règlement concernant les enfants dans ces familles : Obéissance obligatoire aux logeurs. Pas de responsabilité de l'œuvre en cas d'accident. Autorisation pour toutes visites. Obligation d'avoir les cheveux ras et de posséder un petit trousseau renfermé dans un sac de toile. Défense de sortir le soir. Régime : Un litre de lait par jour, en plus des repas composés de soupe, viande 4 fois par semaine, œufs, légumes, fromage et fruits.

En 1882, 20 colons; en 1885, 51; en 1890, 160; en 1895, 468; en 1900, 1.085; en 1902, 1.387; en 1903, 1.571; en 1904, 1.988.

De 1882 à 1904, 12.769 colons.

Budget de 1886, 4.000 fr.; de 1893, 17.252 fr.; de 1902, 83.509 fr. 55; de 1903, 85.422 fr. 80. Celui de 1904 dépasse 100.000 fr.

La visite médicale des enfants est faite gratuitement dans les dispensaires de la Société philanthropique.

Les colonies de vacances de l'œuvre de la Chaussée du Maine.

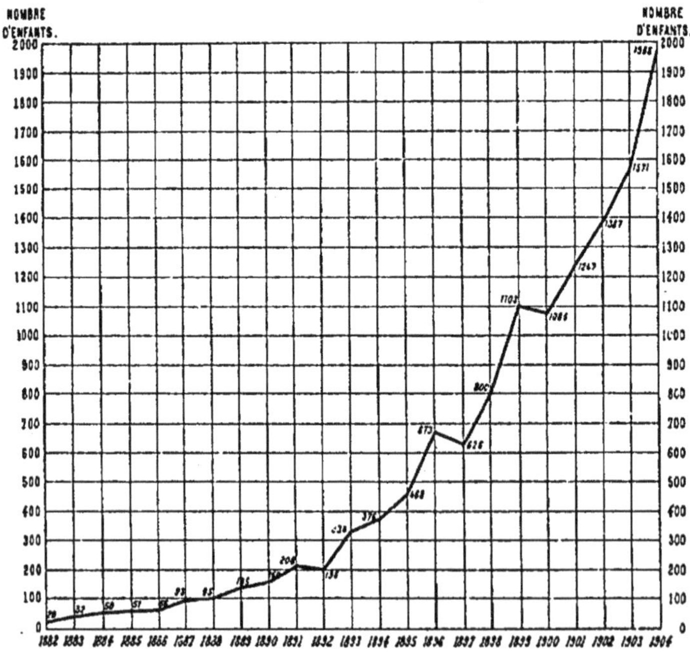

Subventions des Conseils général et municipal.

Prix de revient : 35 fr., voyage compris, pour 1 mois, et 60 fr. à la mer.

Clients de l'œuvre : Union amicale des jeunes filles des VIIIe et XVIIe arrondissements, le Patronage des jeunes filles de la rue Legendre, 21, les Municipalités de Clichy, Choisy-le-Roi, Asnières, Courbevoie, Neuilly, Aubervilliers, Montreuil, le Patronage laïque du XIIe arrondissement, le Comité des colonies de vacances de Suresnes, le Patronage des anciennes élèves des lycées Molière, Racine et Victor-Hugo, les Magasins du Petit-Saint-Thomas, le Patronage de l'Œuvre des fourneaux, les abonnés du périodique *Mon Journal*, chez Hachette, les grands industriels du faubourg Saint-Antoine, etc.

1891. — La maison maternelle. — Fondée par Mlle Louise Koppe en 1891, et reconnue d'utilité publique en 1899. Siège social, 41, rue Fessart.

Pour enfants de 3 à 6 ans (garçons) et de 3 à 12 ans (filles), dont les parents sont malades ou victimes de chômage. Culte protestant.

Colonie d'internat à Authon-du-Perche (Eure-et-Loir).

Nouvelle maison maternelle (1904), 40, rue Manin.

En 1902, 234 colons; en 1903, 264; en 1904, 200; et depuis sa fondation, jusqu'en 1902, 5.122. Une moyenne de 125 enfants sont chaque jour abrités, nourris et entretenus gratuitement. Durée du séjour : 1 mois.

Budget de 1901, 6.139 fr.; de 1903, 25.306 fr.

Subventions des Conseils général et municipal, des ministères de l'Intérieur et de l'Instruction publique.

Prix de revient : 0 fr.94 par jour et par enfant.

L'œuvre prend des pensionnaires à 30 fr. par mois.

1895. — Ligue fraternelle des enfants de France. — Fondée en 1895 par Mlle Lucie Félix-Faure, et reconnue d'utilité publique en 1898. Siège social : 50, rue Saint-André-des-Arts.

15.000 membres, répartis en 24 comités à Paris et 27 comités en province, dans les villes suivantes :

Bordeaux, Chartres, Clermont-Ferrand, Dunkerque, Le Havre, Lyon, Marseille, Nantes, Nice, Nîmes, Orléans, Pau, Perpignan, Reims, Saint-Étienne, Troyes, Vesoul, Albi, Ambert, Béthune,

Jonzac, Châlons-sur-Marne, Chaumont, Gray, Lons-le-Saunier, Pontarlier, Saint-Lô.

Le but de la Ligue, qui est de créer des liens fraternels entre enfants riches et pauvres, s'attache à propager et à développer les œuvres de colonies de vacances.

Internat et surtout placement familial.

Internat à Malo-les-Bains, près Dunkerque (Nord), dans l'école communale prêtée par la municipalité.

Placement familial à Préfailles-sur-Mer (Loire-Inférieure), Pontarlier (Doubs), Rolleville (Seine-Inférieure), Le Château-de-Job (Puy-de-Dôme), Jonzac (Charente-Inférieure), Villefort (Lozère), Étretat (Calvados).

En 1902, 100 colons; en 1903, 260.

Une souscription permanente au Comité de la Ligue (cotisation annuelle de 2 fr. des membres actifs, de 12 fr. des membres honoraires) a rapporté pour les colons 2.223 fr. en 1902, 6.760 fr. en 1903.

Prix de revient : 25 fr. par mois et par enfant.

Clients de la Ligue : Société des visiteurs des pauvres, Société de l'enseignement mutuel du XVIIIe arrondissement, les lycées Fénelon, Lamartine et Racine, le lycée de Rennes, un Comité lyonnais de colonies scolaires, etc.

1897. — Œuvre mutuelle des colonies de vacances. — Fondée en 1897 par l'Association des instituteurs pour le patronage et l'éducation de la jeunesse. Directeur, M. Dequen. Siège social, Mairie du XIe arrondissement.

Enfants de 10 à 15 ans, sans distinction d'école ou de religion, plus spécialement fils de petits commerçants, ouvriers et employés.

8 Colonies d'internat : à Berck-sur-Mer, les Sables-d'Olonne, Domfront, Thonon, Saint-Sauveur, Bléneau, Vire et Vert, près Mantes.

En 1897, 67 colons; en 1900, 115; en 1902, 263, dont 150 fils de gardiens de la paix. Depuis sa fondation à 1902, 1.377 colons. Séjours de trois semaines.

Budget de 1897, 4.793 fr. 90; de 1902, 10.434 fr. 65.

Prix demandé aux parents, 30 fr.; prix de revient net, 63 fr., soit 3 fr. par jour et par enfant.

Subventions de la Ligue de l'enseignement.

Clients de l'œuvre : le Crédit foncier, le corps des gardiens de la paix, quelques maisons industrielles et commerciales, etc.

1898. — *Œuvre parisienne des colonies maternelles scolaires.* — Fondée en 1898, pour enfants chétifs de 4 à 7 ans fréquentant les écoles maternelles. Secrétaire-trésorière, Mlle Beauparlant. Siège social, à la Mairie du IVe arrondissement, place Baudoyer.

Colonie d'internat, 23, rue de Brie, à Mandres (Seine-et-Oise).

En 1898, 20 colons; en 1900, 75; en 1902, 100. Séjours d'un mois.

Budget de 1900, 6.000 fr.; de 1902, 8.205 fr.

Prix demandé, 1 fr. par jour et par enfant.

On comptait en 1902, dans les écoles maternelles parisiennes, 41.395 enfants.

L'œuvre est gratuite, mais subventionnée par la Ligue de l'enseignement, les Conseils général et municipal, le Ministère de l'Intérieur et plusieurs arrondissements.

Clients de l'œuvre : l'école professionnelle de la rue Ganneron, le journal *Saint-Nicolas*, etc.

1899. — *Colonie enfantine scolaire de Montfermeil.* — Fondée en 1899 et dirigée par Mme Fortier-Prœschel, pour les enfants de 6 à 10 ans, âge trop jeune pour les colonies scolaires, trop avancé pour les colonies maternelles. Aucune distinction de culte et d'école.

Internat installé au début à Charenton, à Vincennes, à Meudon-Val-Fleuri, actuellement à Franceville, près Montfermeil (Seine-et-Oise), « Villa de l'Aurore », avenue des Mésanges et des Pinsons. Séjours de un à trois mois. Ouvert toute l'année.

En 1901, 20 colons; en 1903, 60 colons.

Budget de 1901, 4.334 fr.95; de 1903, 6.506 fr.70.

Pension des parents, 30 fr. par mois.

Subventions des Conseils général et municipal, de la Ligue de l'enseignement et de la Caisse des écoles du IVe arrondissement.

1899. — *Œuvre des saines vacances.* — Fondée en 1899, par M. Henri de Lassuchette, pour les enfants des patronages catholiques de Paris. Seule œuvre de vacances de garçons ayant un caractère nettement catholique. Siège : chez M. Dubois, 13, rue de Tournon, ou au patronage de Vaugirard.

Colonie d'internat au châlet de Saint-Laurent-sur-Mer (Calvados).

Enfants de 9 à 14 ans (écoliers, apprentis et ouvriers).

En 1899, 48 colons; en 1900, 143; en 1901, 72; en 1903, 77; en 1904, 76.

Budget de 1899, 4.548 fr. 50; de 1900, 2.718 fr. 85; de 1901, 3.170 fr. 30; de 1902, 6.338 fr. 55; de 1904, 7.656 fr. 40.

Prix de revient: 30 fr. pour vingt et un jours, voyage de 15 fr. non compris, en tout : 45 fr., soit 2 fr. 15 par jour et par enfant.

Clients de l'œuvre: les Patronages et Cercles catholiques, les Frères de la doctrine chrétienne, l'Œuvre sociale de Charonne, la Société de Saint-Vincent-de-Paul, etc.

1899. — Association des souscripteurs pour le développement des colonies de vacances. — Fondée par la Présidente, Mme de Félice, née Stœhling, en 1899. Siège social: 16, rue Dufétel, Versailles.

A pour but de subventionner les œuvres de colonies de vacances existantes, et de provoquer des fondations similaires dans toute la France. Aucune distinction d'écoles ou d'opinions politiques ou religieuses.

Cotisation minima des souscripteurs : 0 fr. 10 par mois, 1 fr. 20 par an.

A fondé des Comités de vacances d'enfants pauvres à Alais, Belfort, Carmaux, La Grand'Combe, Lille et Roubaix.

A subventionné des Comités similaires à Alger, Avignon, Brest, Épinal, Lavaur, Tarbes, Montbéliard, Nîmes, Saint-Quentin, Rennes, Rouen, Versailles, Fontainebleau, Saint-Étienne, Saint-Chamond, Rive-de-Gier, Firminy, Villemonble, Nancy, Castres, Nantes, Bordeaux et Bayonne.

En 1899, elle a placé, dans différentes localités, 4 colons; en 1900, 56; en 1901, 103; en 1902, 137; en 1903, 155; en 1904, 629 et 12 mères de famille.

Budget de 1899, 160 fr.; de 1900, 1.542 fr. 75; de 1902, 3.418 fr. 85; de 1903, 5.545 fr. 50; de 1904, 24.974 fr. 10.

Prix moyen : 36 fr. 60 par colon, frais généraux compris, pour un séjour de quatre à six semaines.

L'Association a affecté une subvention spéciale à l'Œuvre des enfants à la montagne, de Saint-Étienne, pour louer dans la Haute-Loire la ferme *Charles-Théodore*, destinée à des mères de famille et à leurs nourrissons. M. le Pasteur Comte utilise cette ferme, pendant l'hiver, pour des jeunes ouvrières anémiées (1 fr. 25 par jour).

1899. — Œuvre israélite des séjours à la campagne. — Fondée en 1899 et présidée par Mme Ephrussi. Siège social : 81, rue de Monceau, chez M. René Dreyfus, administrateur délégué.

Pour enfants israélites et pauvres de 7 à 15 ans ; quelques non-israélites sont admis par exception.

Le Comité confie quelques-uns de ses pupilles à la colonie des « Bézards », dirigée par l'œuvre de vacances dite de la Chaussée-du-Maine. (Voir plus haut.)

Elle est propriétaire d'une colonie d'internat, ouverte toute l'année, le château d'Ymare, avec parc, en Normandie, dû à la libéralité de Mme la baronne Edmond de Rotshchild, et locataire d'un second internat à Pont-de-l'Arche (Eure), où se succèdent des groupes alternés de garçons et filles, par saisons de cinq à six semaines.

Placement gratuit.

En 1900, 102 colons; en 1901, 137; en 1902, 244; en 1903, 285, sur 3.000 Israélites fréquentant les écoles parisiennes.

Budget de 1900, 20.491 fr.; de 1901, 20.646 fr. 85; de 1902, 20.769 fr. 90; de 1903, 21.384 fr. 50.

L'œuvre de la « Cagnotte des enfants » dans les familles israélites et dans l'école Bischoffsheim a produit 2.795 fr. en 1900, 5.610 fr. en 1902, 6.930 fr. en 1903.

1900. — Œuvre du Soleil. — Fondée à Paris en 1900 par sa Présidente, Mme Vve Dumontpallier, 3, rue Torricelli, et transférée, en 1904, à la ferme-internat de Villars, par Saint-Hilaire-la-Plaine (Creuse), chez sa fondatrice.

Reçoit pendant cinq semaines, en deux séries, 20 fillettes de 12 à 14 ans et 25 jeunes ouvrières anémiées de 16 à 19 ans, sans distinction de culte. L'œuvre peut recevoir, toute l'année, 100 jeunes filles, dont 25 gratuitement.

Prix demandé : 48 fr. par mois, plus 22 fr. de voyage, en tout : 70 fr., soit 2 fr. 35 par jour et par enfant.

1901. — Pour l'Enfant. — Œuvre d'assistance familiale des enfants à la campagne, fondée en 1901 par le Dr Marie, médecin en chef de l'hospice de Villejuif, 28, rue Serpente.

Plus spécialement réservée aux enfants pauvres menacés de tuberculose.

Placement familial au Raincy, à Villejuif et à Vains, dans la baie du Mont-Saint-Michel.

100 colons depuis la fondation.

1902. — *Œuvre du grand air.* — Dépendance de l' « Union familiale », fondée par Mlle Gahéry en 1902. Siège : 172, rue de Charonne.

Placement familial d'enfants anémiques à Villepreux, Pellevoisin, en Bretagne et dans les Alpes.

Prix de pension : 1 franc par jour et par enfant.

1902. — *La Nature pour tous.* — Société civile et coopérative de vacances populaires, fondée en 1902. Siège social à la Mairie, les statuts disent à la Maison commune, du IIIe arrondissement.

Capital 1.250 fr., représenté par 50 actions de 25 fr. ne donnant pas de dividendes. Durée, 99 ans.

Conditions imposées aux sociétaires : faire partie d'un syndicat ouvrier, d'une coopérative, d'une université populaire, d'un patronage laïque, des Ligues des droits de l'homme et de la femme, d'une Amicale d'instituteurs ou d'institutrices, ou de tout autre groupement républicain, socialiste ou de libre pensée.

Cotisation : 2 fr. par an.

A pour but de procurer des vacances à bon marché aux membres de la Société et à leur famille, et aussi de propager les idées qui leur sont chères.

Il n'est pas question dans les statuts de la santé des colons. « Les colonies, dit le règlement général, sont créées non seulement pour procurer quelques jours de repos rudement gagnés, et pour échapper un moment au surmenage et à l'empoisonnement de l'atelier ou du bureau, mais aussi pour parachever l'éducation sociale sans laquelle nos aspirations vers la justice et notre libération ne sauraient aboutir. »

Départs les samedis soir, par groupes d'au moins 10 personnes. On s'inscrit pour autant de semaines que l'on veut.

Prix du séjour en vacances (hôtellerie et nourriture) : 18 fr. par semaine et par personne, voyage non compris.

Les chemins de fer de l'État accordent 66 % de réduction, les Compagnies 50 %.

Les enfants au-dessous de 3 ans ne paient rien; de 3 à 9 ans, ils paient demi-tarif.

Chaque colon apporte ses draps, ses serviettes de toilette et de table; il doit faire sa chambre, mais non les services de balayage, de vaisselle et de cuisine des trois repas quotidiens. Une somme de 100 fr. par an est affectée à un ménage pour faire un voyage de noces.

Chaque groupe de colons choisit un délégué, et, de concert avec lui, le trésorier recueille les fonds, effectue tous paiements et rend compte de sa gestion au Conseil de la Société, composé de 21 membres, employés, bijoutiers, typographes, etc.

En 1903, 247 sociétaires dont 27 enfants ont passé 3.200 journées dans 4 colonies : 118 à Châtelaillon (Charente-Inférieure), 22 à Flogny (Yonne), 100 aux Sables-d'Olonne (Vendée) et 7 à Berk-sur-Mer (Pas-de-Calais).

En 1903, un groupement détaché de « La Nature pour tous », dirigé par M. et Mme Gustave Terq, s'est constitué en société indépendante, dans le but d'envoyer des ouvrières parisiennes en vacances au bord de la mer, Villa Mimi-Pinson, à Châtelaillon (Charente-Inférieure).

Groupement d'épargne, que nous nous bornons à signaler, puisqu'il ne paraît pas s'occuper d'enfants. Siège social : 8, rue de la Chaussée d'Antin.

1903. — Les Pupilles de la Presse. — Œuvre fondée en 1903 par M. Léon Bailby, directeur du journal *La Presse*, 12, rue du Croissant.

A pour but de procurer gratuitement 15 jours de campagne aux petits Parisiens pauvres de 9 à 12 ans, sans distinction de provenances, d'écoles ou de cultes.

Placement familial ou d'internat dans des maisons amies.

5 colonies : à Villers-sur-Mer et à Bernières (Calvados), à Breuil-Bois-Robert et à Moisson, près Mantes (Seine-et-Oise), à l'orphelinat de Cerfroid, près Crouy-sur-Ourcq (Aisne).

L'œuvre donne aux enfants, la veille de leur départ, un petit trousseau, un chapeau, une brosse et un costume complet.

Comité médical du Dr Paulin Méry, 9, rue Guénégaud.

Règlement très sage concernant logeurs et pupilles, analogue à celui de l'Œuvre de la Chaussée-du-Maine.

En 1903 : 284 colons, dont 204 garçons et 80 filles.

Budget de 1903 : 15.029 fr.

Prix de revient : garçons, 41 fr. 75, soit 2 fr. 78 par jour et par tête ; filles 45 fr. 85, soit 3 fr. 06 par jour et par tête.

Souscriptions du journal *La Presse*.

1903. — Œuvre du Sou de « Mon Journal ». — Fondée en 1903 à la librairie Hachette, 79, boulevard Saint-Germain.

Les enfants abonnés à *Mon Journal*, périodique illustré de la maison Hachette, sont invités à verser à la librairie une cotisation de 0 fr. 10 par mois, 1 fr. 20 par an, comme les adhérents de l'Association fondée à Versailles par Mme de Félice, afin de procurer des vacances à des enfants pauvres de 8 à 12 ans de Paris et de province.

Les pupilles sont choisis par eux et confiés à l'Œuvre des colonies de vacances dite de la Chaussée-du-Maine, pour aller passer un mois à la mer ou à la campagne.

28 colons en 1904.

Recettes de 1904 : 1.674 fr. 85.

Prix de revient : 59 fr. 80 ou 2 fr. par tête et par jour.

1903. — *Œuvre du Rayon de soleil pour la jeune fille.* — Fondée en 1903 et dirigée par Mme Simonnet-Dutuit. Siège de l'œuvre : 108, rue des Dames.

Pour enfants et plus spécialement jeunes filles catholiques de 10 à 20 ans.

2 colonies d'internat : Notre-Dame de Bermont, près Domremy (Vosges), et la Ronce, près Marcoussis (Seine-et-Oise).

En 1903, 150 colons; en 1904, 160.

Prix : 45 fr. par mois, voyage et frais compris, soit 1 fr. 50 par jour et par tête.

1903. — *L'Air pur.* — Œuvre de développement physique des enfants de Paris, fondée en 1903 par le Dr Boureille, MM. Laurent et Blondel. Siège social : 132, rue Cardinet.

Comité de 12 membres habitant les Ternes, Batignolles, Monceau et Neuilly, et s'occupant spécialement de prophylaxie antituberculeuse.

Il se propose d'envoyer, une ou deux fois par semaine, des enfants errants et non gardés par leurs parents aux bois de Boulogne et de Saint-Cloud. Il compte aussi que ses ressources permettront d'envoyer des enfants pauvres et chétifs de ces quartiers, pendant trois semaines, à la campagne ou à la mer. Aucune distinction politique, religieuse ou scolaire.

1903. — *Œuvre des Colonies scolaires de vacances.* — Fondée en 1903 par un Comité présidé par M. Louis Legoy. Président d'honneur : le Ministre de l'instruction publique. Siège social : 6, rue de Louvois.

A pour but d'envoyer pendant trois semaines au grand air des enfants anémiés et débiles, de 10 à 15 ans, de petits fonctionnaires, commerçants, employés et ouvriers.

Œuvre d'un caractère tout à fait neutre. Il est interdit aux directeurs des colonies de parler aux enfants religion ou politique.

La Commission médicale répartit seule ses pupilles, à la plaine, à la montagne ou à la mer, uniquement d'après leur état de santé. Colonies d'internat sans localités fixes.

En 1904, 3 colonies : à Bernières-sur-Mer (Calvados), Vic-sur-Aisne (Aisne), Morteau (Doubs).

En 1905, 5 colonies : à Audincourt (Doubs), Châteauneuf (Eure-et-Loir), Villers-sur-Mer, Sables-d'Olonne et Vic-sur-Aisne.

En 1904, 57 colons ; en 1905, 140 à 150 inscrits, sous la surveillance d'instituteurs et d'institutrices.

Prix demandé aux parents : de 25 à 50 fr. Admissions gratuites exceptionnelles.

Budget de 1904, 7.091 fr. 85 ; de 1905, en prévision, 12.000 fr.

Prix de revient à l'œuvre : 66 fr. 15 pour 21 jours, soit 3 fr. 15 par tête et par jour, y compris voyage, assurance, excursions, imprimés, frais des maîtres et surveillants.

Subventions des ministères de l'Intérieur et de l'Instruction publique, du Conseil général et de la Ligue française de l'enseignement.

Plusieurs localités de la banlieue et de la province, telles que celles de Montreuil, Vanves, Issy, Poitiers, etc., confient des enfants à cette œuvre (75 en 1905). Délégués du Comité directeur en province et à l'étranger.

1904. — La Colonie de l'enfant. — Société coopérative fondée en 1904, sur le modèle de *La Nature pour tous*, avec actions de 25 fr., etc. Président : M. Bernoy. Siège social : 19, rue du Pont-aux-Choux, à Paris.

Un groupe d'ouvriers, préoccupé du sort trop souvent fatal de leurs nouveau-nés, envoyés en nourrice et loin de tout contrôle, et se jugeant trop exploités par des mercenaires indignes de leur tâche, songèrent d'abord à constituer la Colonie de l'enfant comme société ayant pour but de louer ou d'acheter une ferme, et d'y envoyer nourrices et nourrissons en placement collectif, le tout sous la surveillance de mandataires ou délégués.

Malheureusement ce projet n'eut pas de suite, et la société prit un caractère nettement socialiste et libre-penseur, n'ayant plus guère d'autre but que sa propagande.

Elle est si récente encore que nous n'avons pu savoir si l'excellent projet d'internat de nourrissons était abandonné.

1904. — *La Colonie de l'enfant.* — Fondée en 1904 par M. Paul Robin, ancien directeur de l'orphelinat de Cempuis, à Montmorency (Seine-et-Oise).

On se propose, d'après les prospectus, « d'élever les enfants à la campagne, dans les vrais principes de l'affranchissement de ces jeunes êtres au triple point de vue physique, intellectuel et moral ».

1904. — *Société des Plages familiales et ouvrières.* — Fondée en 1904 par M. Pagès, directeur. Elle porte aussi le titre de « Société philanthropique d'habitations à bon marché », approuvée par arrêté ministériel et contrôlée par l'État. Siège social : 10 *bis*, rue de Châteaudun.

Elle a créé une filiale revêtant le caractère d'une œuvre de colonie de vacances, sous le nom de *Société des Pupilles des Plages familiales.*

Cette filiale est chargée de choisir des enfants chétifs, âgés de moins de 16 ans, de préparer pour eux un séjour au bord de la mer, sur la plage Sainte-Cécile, près de Berck (Pas-de-Calais), d'y construire des châlets à eux destinés, d'assurer enfin la nourriture et l'entretien des pupilles. Elle élève sur ses terrains un bâtiment spécial à destination d'enfants, et pouvant servir de modèle à des œuvres de vacances.

A Sainte-Cécile, on doit construire cette année-ci, sur des terrains récemment vendus, des maisons de pupilles pour le journal la *Presse*, le *Petit Journal*, les employés de la Compagnie du Nord, l'Administration des postes et le Syndicat de l'aiguille, celui-ci avec son cercle proche de sa maison de repos.

Déjà sont tracées les rue Cheysson, rue Griollet, rue du Petit-Journal, rue de la Presse. Deux pavillons s'élèvent pour l'Association générale des Gueux, connue sous le nom de *Misère*, œuvre présidée par le Dr Paulin Méry, et dont le budget annuel dépasse 40.000 fr.

Chaque adhérent à la Société des plages familiales et ouvrières doit verser 1 fr. 20 en faveur de la Société filiale dite des Pupilles. Tout souscripteur apportant 30 fr. a le droit de choisir un enfant pour l'envoyer faire un séjour aux châlets de la société.

On a le projet d'établir des stations familiales du même genre sur la Méditerranée, l'Océan et le lac de Genève.

1904. — *Œuvre des Cures rurales de Champrosay.* — Dépendante de l'œuvre de Villepinte, et dirigée par les religieuses de Marie-Auxiliatrice. Présidente : Mme la comtesse F. de La Rochefoucauld. Siège de l'œuvre : 25, rue de Maubeuge.

Pour jeunes filles de 6 à 16 ans qui, sans être atteintes d'aucune maladie contagieuse, sont chétives et anémiées.

Séjours de 1 à 3 mois au Pavillon des cures rurales, à Champrosay (Seine-et-Oise).

Visite obligatoire au Dispensaire, 17, rue de la Tour-d'Auvergne.

Prix de pension : 2 fr. par jour.

1905. — *Œuvre des Parisiennettes.* — Fondée par le *Petit Journal*, en 1905, 19, rue Cadet, pour les ouvrières de Paris. Présidente : Mme Hervieu.

Vacances et cures d'air gratuites d'une à deux semaines aux bords de la mer, à Sainte-Cécile, près Étaples (Pas-de-Calais). Le Comité compte envoyer à ses châlets, pour ses débuts de 1905, 500 à 600 jeunes ouvrières.

1905. — *Œuvre du Plémont*, dite *La Maison de bon air*, pour les jeunes filles anémiées, à Nanteuil-le-Haudouin (Oise).

L'Œuvre du Plémont a pour but d'assurer le repos au grand air aux fillettes et jeunes filles anémiées de 11 à 24 ans. Directrice : Mlle Génin, 172, rue de Vanves. On traite de gré à gré des conditions d'admission.

Visite médicale obligatoire au Dispensaire, 172, rue de Vanves.

1905. — *Œuvre mutuelle des colonies de vacances*, dépendante de « La Jeunesse républicaine du IIe arrondissement ». Siège social : 12, place des Victoires. Président : M. Verlot.

Pour jeunes gens du IIe arrondissement, employés et ouvriers, membres de « la Jeunesse républicaine » ou présentés au Comité de l'association. Voyage de vacances et d'excursions dans les Vosges en 1905. Durée : 15 jours. Souscriptions au siège social.

Nous avons annoncé plus haut 40 œuvres de vacances des Comités de patronages, de paroisses, etc. :

1. — *Le patronage Olier*, 66, rue d'Assas, envoie ses jeunes gens à la colonie Édouard, près Arcachon (Gironde), fondée en 1898 par M. l'abbé de Pitray, directeur du patronage.

En 1898, 11 colons; en 1899, 20; en 1900, 40; en 1901, 25; en 1902, 24; en 1903, 72. Prix de revient : 1 fr. par jour et par tête.

2. — *Le patronage Saint-Pierre de Montrouge*, 21, villa d'Alésia (111 *ter*, rue d'Alésia), dirigé par M. l'abbé Biais, envoie pendant 15 jours deux séries d'une vingtaine de garçons à Plougasnou (Finistère). Prix : de 20 à 30 francs par enfant.

3. — *Le patronage Notre-Dame de Bon Conseil*, de la paroisse Saint-François-Xavier, 26, avenue de Saxe, dirigé par M. l'abbé Esquerré, conduit chaque année plusieurs groupes importants de jeunes gens (38 colons en 1904) dans sa villa de Plougasnou (Finistère). Prix : 50 francs, dont 15 francs de voyage, pour 15 jours.

4. — *Le patronage Saint-Joseph de la Maison-Blanche*, 54, rue Bobillot, dirigé par M. Enfer, envoie chaque année dans une propriété, à Gien (Loiret), 40 jeunes gens auxquels leurs patrons accordent 8 à 15 jours de congé. D'autres enfants sont confiés à l'Œuvre des saines vacances. Prix de revient : 1 fr. 50 par jour et par tête, voyage non compris.

5. — *Le patronage Saint-Gervais*, dit *Entre ciel et terre*, 13, rue des Francs-Bourgeois, dirigé par M. Frentzel, possède la colonie sanitaire des œuvres ouvrières du Marais, dite Villa Saint-Augustin, 19, rue de l'Alouette, à Saint-Mandé.

6. — *Le patronage Saint-Paul de Plaisance* (paroissial), 11, rue Colas, dirigé par MM. les abbés Buret et Audisio, utilise l'Œuvre des saines vacances, et compose une colonie autonome de 30 garçons de 12 à 14 ans à Avon-Fontainebleau (Seine-et-Marne).

7. — *Le patronage de Ménilmontant*, 30, rue Étienne-Dolet, dirigé par MM. les abbés Jourdain et Canet, envoie plusieurs de ses enfants à Fontainebleau (Seine-et-Marne).

8. — *Le patronage du Kremlin-Bicêtre*, 1, rue Carnot, dirigé par M. l'abbé Aigouy, envoie chaque année à Recloses, près Fontainebleau (Seine-et-Marne), environ 40 enfants gratuitement ou pour 1 fr. 50 par tête et par jour.

9. — *Les Œuvres ouvrières des Malmaisons*, 23, avenue de Choisy, dirigées par M. l'abbé Chartier, successeur de M. de Guntz, adressent chaque année un certain nombre de colons à l'Œuvre des saines vacances.

10. — *Le patronage Saint-Merry*, 85, rue de la Verrerie, dirigé par M. l'abbé Dumont, a une colonie de garçons près de Charenton, et utilise aussi l'Œuvre des saines vacances.

11. — *La paroisse Saint-Ambroise* possède une colonie dite *Villa Saint-Ambroise* à Champtrelot, près Coulommiers (Seine-et-Marne). Directeur : M. l'abbé Langlois. 70 colons en 1904, divisés en une série de garçons et deux séries de filles. Durée : 3 semaines. Prix de séjour : 1 franc, 1 fr. 25 ou 1 fr. 50 par jour, suivant que l'enfant a moins de 12 ou 15 ans ou davantage, non compris 5 francs de voyage.

12. — *Le patronage Saint-Louis-en-l'Ile*, 1, rue Bretonvilliers, dirigé par M. l'abbé Choquet, conduit ses enfants et jeunes gens à Courteilles, près Verneuil (Eure).

13. — *Le patronage Saint-Maurice*, de la paroisse Saint-Médard, 12, rue Censier, dirigé par M. l'abbé Sauvêtre, emmène une colonie d'une vingtaine d'enfants et jeunes gens à Thones (Haute-Savoie). Prix de séjour : 50 francs, voyage compris, pour 15 à 20 jours.

14. — *Le patronage de Courbevoie*, 21, rue Saint-Denis, dirigé par M. l'abbé Petit, a sa colonie de garçons à Damgan (Morbihan).

15. — *Le patronage Saint-Joseph des Épinettes*, 38, rue des Épinettes, dirigé par M. l'abbé Firmery, envoie en 1905 un groupe de ses jeunes gens à Plougasnou (Finistère).

16. — *Le patronage Jeanne d'Arc*, de la paroisse Saint-Roch, 11, rue Montpensier, dirigé par M. Delmas, envoie tous les ans un groupe de 15 à 20 enfants ou jeune gens à l'Œuvre des saines vacances et à un Comité d'œuvres de vacances de Niort.

17. — *Le Cercle des Jeunes gens* dit *Société de Sonis*, de la paroisse de la Trinité, 11, rue Nouvelle, a une maison de campagne à Saint-Ouen (Seine).

18. — *Les Œuvres ouvrières de Notre-Dame du Rosaire* (*Plaisance*),

4, cité Raynaud, 182, rue de Vanves, dirigées par M. l'abbé Boyreau, jouissent d'une maison de campagne à Coubron-le-Raincy (Seine-et-Oise), où vont des groupes alternés de garçons ou de filles.

19. — Plusieurs patronages paroissiaux envoient des enfants en vacances à l'Institution Saint-Joseph, à Meynières-en-Bray (Seine-Inférieure).

20. — *Colonies scolaires des Sœurs de Saint-Vincent-de-Paul*, à Pen-Bron, près le Croisic (Loire-Inférieure), fondée en 1901, de concert avec l'administration de l'hôpital marin de cette localité. Deux pavillons séparés des enfants malades reçoivent, pendant les vacances, des jeunes filles des écoles de Paris dirigées par les Filles de la Charité. Inscriptions à la maison-mère, 140, rue du Bac.

En 1901, 121 colons; en 1902, 143; en 1903, 106; en 1904, 155.

Prix : 1 fr. 60 par jour et par enfant, mais les patronages qui s'intéressent à ces colons prennent à leur charge les frais de voyage et de séjour.

Mêmes conditions chez les Sœurs de Saint-Vincent-de-Paul de Roscoff, par Per Haridy (Finistère).

21. — *Le patronage des jeunes filles de Plaisance* (paroissial), 36, rue Guilleminot, dirigé par M. l'abbé Chaptal et Mlle Chaptal, jouit d'une maison de campagne à Clamart (Seine).

22. — *Le patronage Mouffetard*, 19, rue Daubenton, dirigé par Mme la Ctesse de Vibraye et Mme Pérignon, a une maison de campagne, au Plessis-Piquet, où les jeunes filles débiles du quartier sont conduites tous les dimanches. Cure d'air d'un mois pour 80 pensionnaires en deux séries. Prix demandé : 1 fr. par jour et par tête.

23. — *L'Œuvre générale des patronages de jeunes filles*, dirigée par Mme la Ctesse de Blacas et Mme la V^tesse d'Hautpoul, et dont le secrétariat est 42, rue de Bourgogne, envoie pendant l'été quelques groupes de jeunes filles délicates à Trouville (Calvados), et à Drancy (Seine-et-Oise).

24. — *L'Œuvre des bonnes vacances*, dépendante de l'*Œuvre de Sainte-Clotilde*. Directrice, Mme G. Duhamel. Siège, 10, rue de Madrid. L'œuvre dispose de plusieurs maisons de vacances pour jeunes filles : à La Charlerie, près Langeais (Touraine), en Normandie, à Berck, près d'Orsay, etc. Elle peut recevoir 500 enfants de 10 à 25 ans.

En 1901, 45 colons; en 1902, 60; en 1903, 150; en 1904, 160.

Prix : 25 fr. par enfant pour 15 jours, 45 fr. pour un mois, voyage compris.

25. — *L'Œuvre philanthropique de la paroisse Saint-Joseph*, 10 rue Tesson, présidée par Mme Alexandre Dumas d'Hauterive, procure des séjours de six semaines à des fillettes et jeunes filles débilitées de 8 à 15 ans, dans l'Asile Anne-Marie, à Trégastel (Côtes-du-Nord). Prix de pension : 1 fr. par jour et par tête, voyage non compris.

26. — *Le Syndicat de l'Aiguille*, cité du Retiro, rue Boissy-d'Anglas confie ses pupilles à la Ligue fraternelle des enfants de France, et construit pour elles une villa sur la plage Sainte-Cécile, près Berck-sur-Mer (Pas-de-Calais).

27. — *Le patronage de la Couture*, de Saint-Paul-Saint-Louis, 12, rue Charles-V, a une colonie de vacances pour jeunes filles et ouvrières à Mouy (Oise). Séjours de quinzaines par groupes de 20 à 25 personnes. Prix de pension : 1 fr. par jour.

28. — *La Maison Marie-Joseph*, 35, rue de la Glacière, appartenant à Mme Fould, et dirigée par les Sœurs de Saint-Vincent-de-Paul, envoie deux séries de 30 à 35 fillettes et jeunes filles de 6 à 20 ans à Danisy (Aisne), aux frais de Mme Fould.

29. — *Le patronage de la paroisse Saint-Sulpice*, 8, rue Jean-Bart, dirigé par Mlle Dubarry, a une colonie pour ses pupilles à Flacé (Saône-et-Loire).

30. — *Le patronage Sainte-Catherine*, de la paroisse Notre-Dame-des-Champs, 69, rue du Montparnasse, dirigé par Mlle Chauvelot, confie quelques-unes de ses enfants à la colonie du patronage de la Couture, à Mouy (Oise).

31. — *Le patronage Saint-François-Xavier*, de la même paroisse, 6, passage Dechambre, dirigé par Mlle d'Hérouville, envoie quelques pupilles à Sucy-en-Brie (Seine-et-Marne).

32. — *Le patronage de Saint-Nicolas du Chardonnet*, 15, rue des Bernardins, dirigé par les Sœurs de Saint-Vincent-de-Paul, conduit sa colonie de 80 fillettes, en deux séries, à Aulnay-les-Bondy (Seine). Prix de séjour : 25 francs pour un mois.

33. — *Le patronage « La Fraternelle »*, 5, rue Cochin, œuvre indépendante, présidée par Mme Châtellier, envoie tous les ans de 15 à 20 enfants pauvres (garçons) à Bourg-Dun, près Dieppe (Seine-Inférieure). Prix de séjour : 45 fr. par mois, voyage compris.

34. — *La Maison des Sœurs de Saint-Thomas-de-Villeneuve*, 4, rue Minard, à Issy-les-Moulineaux (Seine), reçoit des fillettes et jeunes filles pendant les vacances.

35. — *L'Orphelinat de Morangis*, par Lonjumeau (Seine-et-Oise), reçoit, pendant les vacances, des jeunes filles des patronages. Prix de séjour : 40 francs par mois.

36. — *La Maison de convalescence de Notre-Dame des Blancs-Manteaux*, à Montreuil-sous-Bois, 74, avenue Victor-Hugo, reçoit pendant l'été des jeunes ouvrières anémiées ou fatiguées des patronages de Paris. Prix de séjour : 40 francs par mois. Admissions : 47, rue Vieille-du-Temple.

37. — *Maisons de vacances pour jeunes filles et dames seules*, recevant en été des enfants et jeunes filles, à Saint-Prix et Jouy-en-Josas (Seine-et-Oise); Directrice : Mlle Korn, 8, rue Saint-Romain, — et à Onival-sur-Mer (Somme); Directrice : Mlle Vignaut, 35, boulevard des Capucines.

38. — *L'Union amicale des jeunes filles des VIIIe et XVIIe arrondissements*, 21, passage Legendre, — et *Les Associations d'anciennes élèves des lycées de jeunes filles Racine, Molière et Victor-Hugo*, confient leurs pupilles à l'Œuvre des colonies de vacances dite de la Chaussée-du-Maine.

39. — *Le patronage Maria Deraisme*, 71, rue de l'Ouest, dirigé par Mlle Napias, secrétaire générale du comité des Dames de la Ligue de l'enseignement, envoie ses pupilles à Lonjumeau (Seine-et-Oise).

40. — *Le patronage de la paroisse de l'Étoile* (Église réformée de Paris), 52, avenue de la Grande-Armée, confie ses protégés à l'Œuvre des trois semaines et à l'Œuvre des colonies de vacances dite de la Chaussée-du-Maine.

En résumé nous comptons à Paris :

Une œuvre israélite ;

Un groupe d'œuvres protestantes, les plus riches et les plus prospères, comme l'*Œuvre des trois semaines*, celle de la *Chaussée-du-Maine*, etc. ;

Un groupe agissant sous des patronages officiels, comme les colonies scolaires des Caisses des écoles municipales, l'*Œuvre mutuelle des colonies de vacances de l'Association des instituteurs*, etc. ;

Un groupe nettement catholique, où se trouvent l'*Œuvre des saines vacances*, pour les garçons, celles des *Cures rurales*, *des Bonnes vacances* et du *Rayon de soleil*, pour les filles, ainsi que les *Comités de patronages paroissiaux* ;

Un groupe nettement socialiste et anticonfessionnel, comme *La Nature pour tous ;*

Et quelques œuvres tout à fait indépendantes, comme celles des *Pupilles de la Presse*, des *Colonies scolaires de vacances*, de la *Société des plages familiales et ouvrières*, etc. [1]

III

Colonies des Départements.

56 villes de France ont aujourd'hui, d'après notre enquête, des Comités d'œuvres de vacances, revêtus d'un caractère officiel ou privé. Celles-ci sont différentes d'esprit et de système, et nous pensons qu'il est utile de les distinguer ainsi :

1° Colonies scolaires municipales et officielles, comme à Bordeaux, Marseille, Lyon, Lille, Dijon ;

2° Colonies privées, subventionnées par les municipalités, comme à Rouen, Bayonne, le Hâvre, Brest, Valence ;

3° Colonies des œuvres des Enfants à la montagne (système de placement familial de M. le Pasteur Comte), comme à Saint-Étienne ;

4° Colonies filiales de la précédente, comme à Toulouse, Roanne, Annonay, Alger, Oran, etc., ou plus perfectionnées, comme celle d'Agen, où les pupilles sont colonisés comme des enfants de troupe ;

5° Colonies des œuvres catholiques, comme celles de Lyon, dirigées par des séminaristes en vacances.

Nous mentionnerons à part l'Œuvre des voyages scolaires, de Reims, qui mérite un mot spécial.

Reims. — *L'Œuvre des voyages scolaires.* — Fondée et dirigée, depuis 1897, par M. André, inspecteur de l'enseignement primaire à Reims (71, rue Hincmar). Il ne s'agit pas ici de rendre la santé à des enfants chétifs, mais de les instruire en les amusant. C'est une

(1) Ce recensement n'ayant rien d'officiel, il est bien entendu que nous donnons ici les seules indications qu'il nous a été possible de recueillir, et les résultats de recherches très certainement incomplètes, notamment en ce qui concerne les patronages et les départements.

œuvre pédagogique, intéressant le Touring-Club plutôt que l'Office central des œuvres de bienfaisance. Elle n'en est pas moins très utile. Maxime du Camp l'appelait de tous ses vœux, il y a vingt-cinq ans, protestant alors contre ce qu'il appelait *l'éducation immobilière* des petits Français. De 1897 à 1902, 1.311 enfants ont bénéficié de ces voyages. La dépense a été de plus de 20.000 francs.

En 1904, M. André a ajouté à ses caravanes scolaires une petite colonie de 10 enfants chétifs, qui ont été passer 21 jours à Berck-sur-Mer. Les membres de ces caravanes, au nombre de 400, ont supporté les frais de séjour de la nouvelle colonie avec leurs cotisations volontaires et prévues par les statuts du *Décime des voyages scolaires* (595 fr.). Tous les enfants fréquentant les écoles publiques de Reims sont invités à offrir volontairement, chaque année, ce décime prélevé sur leurs menus plaisirs. Prix de revient : 65 fr. par enfant pour 21 jours.

Ajoutons, en outre, qu'un Comité de la Ligue de l'enseignement, présidé par M. le Dr Langlet, place des enfants aux environs de Reims, depuis 1900.

BORDEAUX. — Il existe à Bordeaux 3 sociétés officielles :

1° *La Société de patronage des Écoles communales d'Arlac et Solférino.* — Fondée en 1888. Colonie à Royan et au Taillan-les-Pins. Durée du séjour : 1 mois. En 1902, 52 colons; 600 depuis la fondation. Prix de revient : 1 fr. 60 par tête et par jour. Subvention de la Ligue de l'enseignement.

2° *La Fédération des Sociétés de patronage des Écoles communales des 7 cantons de Bordeaux*, pour enfants de tous les quartiers de la ville (53, rue des Trois-Conils). — Fondée en 1902. Durée du séjour : 1 mois. Un domaine de 100 hectares, dit « La Providence », a été mis par la ville à la disposition des jeunes colons de la Fédération. En 1902, 190 colons; 2.610 depuis la fondation, sur 14.502 enfants des écoles laïques. Budget de 1902, 23.000 fr. Prix de revient : 2 fr. 10 par tête et par jour. Subvention de la Ligue de l'enseignement.

3° *L'Union bordelaise des patronages laïques.* — Société dissidente de la Fédération, comprenant les groupes scolaires Dupaty, Montaigne, et les deux Écoles supérieures de garçons et de filles. Président : M. Georges Delvaille. Colonie de vacances à Grayan (Bas-Médoc), depuis 1903.

62 colons en 1902. Budget de 1902 : 2.529 fr. Prix de revient : 30 fr. 05 par colon et par mois.

Subventions municipales et de l'Association des souscripteurs en faveur des colonies de vacances.

Un Comité privé pratique, en outre, le placement familial depuis 1890, au prix de 63 fr. par enfant.

Une Société d'anciens élèves de la rue Francin envoie 40 enfants en colonies sur ses seules ressources.

MARSEILLE. — La municipalité de Marseille a des colonies scolaires depuis 1898.

Placement d'internat dans les écoles communales de la banlieue : à Saint-Antoine, La Croix-Rouge, l'Estaque-sur-Mer, et deux autres colonies, à l'école publique d'agriculture de Valabre, près Aix, et au sanatorium de Notre-Dame-des-Anges. Subventions des Conseils municipal et général, et de l'Union scolaire des Bouches-du-Rhône. Durée : 20 jours. En 1898, 21 colons ; en 1900, 171 ; en 1902, 420 ; en 1903, 534 ; en 1904, 480, sur 27.830 enfants des écoles laïques. 2 colonies ont été supprimées en 1904.

Il n'est pas question dans les Bulletins de l'enseignement primaire de Marseille, pleins de statistiques et de graphiques sanitaires d'ailleurs très intéressants, d'un chiffre quelconque de dépenses ou d'un prix de revient.

Crédit budgétaire du Conseil municipal pour les colonies de vacances en 1902 : 10.000 francs.

Une Société privée : l'*Union scolaire des Bouches-du-Rhône*, dont le siège est au lycée de jeunes filles, a envoyé 60 enfants, en 1902, aux colonies marseillaises.

DIJON. — Colonie municipale, fondée en 1904 et dépendante de la Caisse des écoles, à Crépey, par Bligny-sur-Ouche, près Beaune (Côte-d'Or).

En 1904, 100 colons des écoles communales. Subvention municipale.

LILLE. — Depuis 1897, la Caisse des écoles laïques a fondé un Comité scolaire municipal. Placement familial dans 3 villages des environs de Lille, à Calais et à Saint-Pol-sur-Mer. Prix des logeurs : 1 fr. par jour. Durée : 20 jours.

En 1897, 200 colons de 10 à 13 ans ; en 1900, 250 ; en 1902, 320 ; en 1904, 230, sur 13.000 enfants des écoles publiques.

La Caisse des écoles a un budget annuel de 250.000 fr. dont 7.000 fr. pour les Colonies scolaires. Prix de revient : 1 fr. 50 à 2 fr. 25 par jour et par tête. Dépense en 1897, 4.133 fr. ; en 1900, 5.187 fr. 20 ; en 1902, 7.000 fr. ; en 1904, 5.000 fr. Subventions du Conseil municipal.

Un petit Comité libre de vacances, fondé par l'Association des souscripteurs en faveur des colonies de vacances, et dirigé actuellement par le Dr Carrière, professeur à la Faculté de Lille, le Pasteur Nick (61, rue de Bouvines, Fives-Lille), et le Pasteur Gounelle, à Roubaix (30, rue des Arts), fonctionne depuis 1903.

Placement familial à Illy, dans les Ardennes et la Thiérache, pendant 20 jours. En 1903, 22 colons ; en 1904, 28 colons. Prix de revient : 2 fr 20 par jour et par enfant.

Rouen. — Il existe à Rouen 3 Comités d'œuvres privées, également subventionnées par le Conseil municipal :

1° *L'Association rouennaise pour la préservation de la tuberculose*. Président : M. le Dr Hélot (rue Bouvreuil, 47 *bis*). — Établissement dit : « La Colonie de santé », pour enfants de 5 à 16 ans, au Mesnil-Esnard, près Rouen, fondé en 1904. 23 colons en 1904. Durée de séjour : 5 semaines. Budget de 1904, 2.310 fr. Prix de revient : 2 fr. 05 par jour et par enfant.

2° *L'Œuvre des enfants à la campagne*, fondée en 1903. Présidente : Mme de Visme (24, rue Lafosse). — Colonie dite « Maison du bon air », à Tourville-la-Rivière (Seine-Inférieure). Prend des enfants de tous cultes pendant 6 semaines. En 1904, 42 colons. Dépense : 2.238 fr. 95. Prix de revient : 53 fr. 20 par enfant. Subventions de l'Association des souscripteurs en faveur des colonies et de l'Assistance publique.

3° *L'Œuvre rouennaise des enfants à la mer*, fondée en 1904. Président : M. Hérubel (7, rue d'Elbeuf). — Colonie à Varengeville-sur-Mer (Seine-Inférieure). En 1904, 10 fillettes. Durée du séjour : 1 mois. Budget, 3.723 fr. 70. Prix de revient : 60 fr., soit 2 fr. par tête et par jour.

Le placement familial est particulièrement écarté en Normandie, en raison des dangers de l'alcoolisme.

Un Sanatorium est en formation dans la forêt de Rouvray, sous la direction du Dr Brunon (rue de l'Hôpital, à Rouen), et fonctionnera en 1905 pour la cure d'air des enfants rouennais.

BAYONNE. — *L'Œuvre des colonies sanitaires de vacances* a été créée à Bayonne, en 1887, par M. le Dr Delvaille. Président : M. Garat, avocat (1[illegible] rue [illegible]rg-Neuf).

Place[illegible]nt fami[illegible]al à Bardos-en-Montagne. Prix de revient : 0 fr. 50 par jou[illegible] et p[illegible]tête.

Colo[illegible] internat à Ciboure-sur-Mer, près St-Jean-de-Luz. Prix de revient : 3 fr. 50 par jour et par tête.

En 1887, 10 colons ; en 1900, 10 ; en 1902, 38 ; en 1903, 50 ; en 1904, 98. Durée : 25 jours. Budget de 1902 : 2.140 fr. Dépenses depuis la fondation : 29.468 fr. 20.

Subventions du Conseil municipal et de l'Association des souscripteurs en faveur des colonies de vacances.

LE HAVRE. — *Le Cercle hâvrais et régional de la Ligue de l'enseignement*, au Hâvre, fondé en 1903, et dont le siège est à l'Hôtel de Ville, a établi un Comité de colonies scolaires pour les enfants des écoles primaires de la ville.

Colonie d'internat à Buchy (Seine-Inférieure), dans l'école communale vacante. Durée, 20 jours. En 1903, 25 colons de 9 à 12 ans.

Prix de revient : 40 fr. par enfant, soit 2 fr. par jour et par tête, voyage compris. Subvention du Conseil municipal.

On nous a signalé un petit Comité privé, envoyant quelques enfants, chaque année, à la campagne.

BREST. — Le Comité de vacances scolaires de Brest a été fondé, en 1904, par M. Gautrot, professeur au lycée de cette ville. Colonie d'internat à Huelgoat (Finistère), dans l'école communale. En 1904, 18 colons. Durée du séjour, 1 mois. Prix de revient, 35 fr. 20, soit 1 fr. 15 par jour et par enfant.

Subventions municipale et de l'Association des souscripteurs en faveur des colonies de vacances.

Le placement familial est écarté, en raison des dangers de l'alcoolisme des campagnes.

BAR-LE-DUC. — *La Ligue meusienne contre la tuberculose*, datant de 1902, a placé, l'année suivante, 43 colons chez des cultivateurs.

Amiens. — La municipalité envoie chaque année 60 enfants des écoles communales dans une station balnéaire de la Manche.

Angers. — *L'Œuvre des enfants à la campagne*, fondée récemment à Angers, sur le modèle de celle de Saint-Étienne, compte avoir environ 150 colons, en 1905.

Limoges. — Un patronage catholique, dirigé par M. l'abbé Ardant, procure des vacances à des enfants et jeunes gens, à l'imitation des prêtres du diocèse de Lyon.

Mirecourt. — Même observation pour le patronage catholique de Mirecourt, dirigé par M. Évrard.

Épinal. — *La Jeunesse vosgienne*, Association d'instruction et d'éducation populaires, a organisé des vacances scolaires en 1903. Président : M. Léon Schlosser (14, rue Jeanne-d'Arc). Placement familial dans les Vosges. En 1904, 15 colons. Prix de revient : 40 fr. pour 25 jours, soit 1 fr. 60 par jour et par enfant. Subvention de l'Association des souscripteurs en faveur des colonies de vacances.

Nancy. — *L'Œuvre israélite des séjours à la campagne* a été fondée en 1903, à Nancy, sur le modèle de l'œuvre israélite de Paris. Président : M. Weill (27, rue Isabey). Colonie d'internat à Censes-de-Saulcy, près Saint-Dié.

En 1904, 17 colons.

— *Comité des colonies municipales de vacances*, fondé en 1904, pour enfants pauvres des écoles laïques ou libres, sans distinction de cultes.

L'Office central nancéien des œuvres de bienfaisance, dont le Président est M. Déglin (15, rue Montesquieu), est chargé de l'organisation matérielle de l'œuvre et des colons.

Placement familial à la campagne pendant 30 jours.

En 1904, 30 colons.

Dépenses à charge du budget de la ville. Prix de revient : 1 fr. 50 par jour et par enfant.

— *Œuvre des colonies scolaires de Nancy*, fondée avec le concours des Sociétés laïques d'éducation populaire, et notamment des Amicales laïques. Président : M. Le Monnier.

— *Comité protestant des colonies de vacances*, fondé à Nancy en 1897. Président : M. le Pasteur Cleisz.

Placement familial dans les Vosges.

Colonie d'internat pour 38 enfants au Chalet de la Haunotte (Vosges).

Durée du séjour : 4 à 5 semaines. 400 colons depuis la fondation.

Prix de revient : 1 fr. 30 par jour et par tête.

BESANÇON. — Le Comité du patronage Sainte-Madeleine, dirigé par M. l'abbé Marmier, est le seul qui s'occupe, à Besançon, de vacances scolaires. Son *Œuvre des petits bergers* date de 1903. Placement familial, absolument gratuit, surveillé par le Curé du village. Voyage à la charge du patron. Cure d'air de 2 mois. En 1903, 33 co lons; en 1904, 40.

GRENOBLE. — Une œuvre de colonies de vacances a été annexée, en 1904, à celle des Jardins-ouvriers gratuitement concédés à des familles, que M. et Mme Vellot ont fondée à Grenoble en 1899.

En 1904, 14 fillettes de 10 à 14 ans envoyées à Bourg-d'Oisans (Vallée de la Romanche). Placement d'internat. Durée : un mois. Prix de revient : 45 fr. par tête, soit 1,50 par jour et par enfant. Contribution des parents : 5 fr. par enfant.

SAINT-ÉTIENNE. — *L'Œuvre stéphanoise des enfants à la montagne*, fondée en 1893 par M. le Pasteur Louis Comte, et dirigée par lui, est devenue très populaire et a de nombreuses filiales dans la région du midi. Siège de l'œuvre : 40, rue Fontainebleau, à Saint-Étienne.

Admet avec un grand libéralisme tous les enfants délicats, sans distinction de culte ou d'école. Placement familial dans la Haute-Loire et l'Ardèche. Durée : 6 semaines.

En 1893, 52 colons; en 1894, 160; en 1896, 367; en 1898, 635; en 1899, 923; en 1900, 1.157; en 1901, 1.382 (dont 1.122 catholiques, 250 protestants et 10 israélites); en 1903, 1.428; en 1904, 1831.

Budget de 1902, 41.306 fr. 15; de 1903, 50.844 fr. 50.

Prix de séjour : 26 fr. 50 par enfant. Prix de revient : 0. fr. 65 par tête et par jour.

Fermes-infirmeries, depuis 1903, pour enfants menacés de tuberculose (colonie Jacquard) au pied du Lizieu, près Yssingeaux (Haute-Loire). Prix de revient : 40 fr. pour 6 semaines, soit 1 fr. par jour.

Subventions des Conseils municipal et général, et de la Ligue de l'enseignement.

Depuis sa fondation, l'Œuvre a assuré des cures d'air à près de 10.000 enfants et dépensé plus de 200.000 fr.

L'Œuvre stéphanoise se charge des enfants qui lui sont confiés par les Comités de Firminy, La Ricamarie, Villars, Saint-Priest, Rive-de-Gier, la société lyonnaise de Tempérance, Annonay, Montélimar, Avignon, Nîmes, Vienne, Alger et Oran. Les prévisions de ces Comités, pour 1905, s'élèvent au chiffre total de 2.364 colons.

Les filiales autonomes de l'Œuvre stéphanoise, et plaçant leurs enfants directement, sont les œuvres de Saint-Chamond, l'Œuvre lyonnaise, Agen, Toulouse, Montpellier et Saint-Quentin.

On nous a signalé, en outre, à Saint-Étienne une œuvre catholique de colonies de vacances. En 1905, environ 150 colons.

SAINT-CHAMOND (*Loire*). — *Œuvre des enfants à la montagne*, filiale de l'Œuvre stéphanoise, mais devenue autonome. 120 colons prévus en 1905.

MONTPELLIER. — Œuvre similaire. 150 colons prévus en 1905.

Depuis fort longtemps existe à Montpellier l'*Œuvre des bains de mer*, pour les enfants chétifs des familles secourues par la Société de Saint-Vincent-de-Paul.

ROMANS (*Drôme*). — Œuvre similaire. 50 colons prévus en 1905.

MAZAMET (*Tarn*). — Œuvre similaire. 60 colons prévus en 1905.

MONTAUBAN. — Œuvre similaire. 10 colons prévus en 1905.

ALBI. — Œuvre similaire. 20 colons prévus en 1905.

ROANNE. — *L'Œuvre roannaise des enfants à la montagne*, fondée en 1900 par M. Périer, est devenue municipale en 1902. Enfants d'ouvriers pauvres de 7 à 12 ans, sans distinction d'origine ou d'école. Placement familial pendant 40 jours. Prix des logeurs : 0 fr. 50 par jour.

En 1900, 62 colons; en 1901, 215; en 1902, 175. Budget de 1902, 5.000 fr. Prix de revient : 0 fr. 60 par jour et par enfant.

ANNONAY (*Ardèche*). — *L'Œuvre annonéenne des enfants à la montagne* (4, rue du Château, à Lyon) dépend directement de l'Œuvre des enfants à la montagne, de Saint-Étienne. 110 colons prévus en 1905.

VALENCE — *L'Œuvre valentinoise des enfants à la montagne*, dépendante de la *Société du Sou des écoles laïques*, et dirigée par la Société des amis de l'instruction laïque de Valence, a été fondée en 1902. Président : le maire de Valence. Placement familial à Saint-Apollinaire-de-Rias (Ardèche). En 1902, 46 colons; en 1903, 84; en 1904, 94. Budget de 1902 : 1.593 fr. 30; de 1903, 5.450 fr. 55; de 1904, 3.758 fr. Durée : 40 jours. Prix de revient : 33 fr. par tête, soit 0 fr. 83 par jour. Contribution obligatoire des parents (en moyenne 5 fr. par enfant).

Subventions de la Ligue de l'enseignement, du Diaconat réformé, du Club alpin, de la Loge maçonnique.

TOULOUSE. — *L'Œuvre des petits Toulousains aux Pyrénées* fut fondée, en 1900, par le Comité de protection de l'enfance et de la jeunesse, section toulousaine de la Ligue de la moralité publique. Président : M. Gillard. Siège à la Bourse. Ses pupilles sont envoyés les uns en placement familial, dans les villages de la Haute-Garonne, les autres à Luchon, à la maison sanitaire de Saint-Bertrand de Comminges, ou au Sanatorium départemental de Salies-du-Salat.

Cotisation des parents obligatoire : 20 francs en placement familial, 46 francs pour deux mois à Saint-Bertrand-de-Comminges. Droit d'inscription : 1 franc. Aucune distinction de culte ou d'école.

En 1900, 107 colons; en 1901, 169; en 1902, 201; en 1903, 232; en 1905, 300 en prévision. Budget de 1900, 4.988 fr. 50 ; de 1901, 6.349 fr.; de 1902, 7.703 fr. 35 ; de 1903, 9.028 fr. 85.

Prix de revient : 38 fr. 50, ou 1 fr. 24 par jour et par enfant. Séjour d'un mois. Subventions des Conseils général et municipal.

CLERMONT-FERRAND. — Comité des enfants à la montagne fondé en 1900. Placement familial. En 1904, 17 colons.

ALAIS. — *L'Œuvre des petits Lozerots*, à Alais, a été créée en 1903 par l'Association des souscripteurs en faveur des colonies de vacances. Présidente : Mlle V...illon (Grande-Rue, Alais). En 1903, 42 colons; en

1904, 65 colons, placés dans les Cévennes et au Sanatorium marin de Grau-du-Roi. Prix de revient : 20 fr. pour un mois.

Un Comité existait à Alais avant 1903, mais n'admettait que des enfants protestants.

Subvention municipale.

Avignon. — Comité filial de l'Œuvre stéphanoise, et subventionné par l'Association des souscripteurs en faveur des colonies de vacances. Présidente : Mme Bousquet de Florian (15, rue Banasterie). En 1904, 12 colons placés chez les cultivateurs de la Haute-Loire ou dans les fermes-infirmeries du Pasteur Comte ; 20 colons prévus en 1905. Durée : 42 jours. Prix de revient : 2 fr. 15 par tête et par jour.

Belfort. — Comité créé par l'Association des souscripteurs en faveur des colonies de vacances. En 1904, 6 colons placés dans des fermes du Ballon d'Alsace.

Rennes. — Une Société de colonies de vacances a été fondée par les élèves du lycée de Rennes. Président : M. Châtel, professeur au lycée. En 1904, 26 colons, provenant des écoles primaires, ont été envoyés à Saint-Michel-sur-Mer et à Saint-Benoist-des-Ondes, près Cancale, avec l'assistance de la Ligue fraternelle des enfants de France. Prix de revient : 25 fr. pour un mois, voyage non compris. Subvention de l'Association des souscripteurs en faveur des colonies de vacances.

Carmaux (*Tarn*). — Comité des enfants à la montagne créé, en 1903, par l'Association des souscripteurs en faveur des colonies de vacances. Président : M. Fournier, directeur de l'école Victor-Hugo, à Carmaux. Placement familial à Saint-André-de-Valborgne (Gard), et à Lacaune (Tarn). En 1903, 10 colons ; en 1904, 18. Cotisation des parents : 5 fr. par enfant. Prix de revient : 36 fr. 60 par tête pour 40 jours. Subventions de la municipalité et des syndicats ouvriers.

La Grand'Combe (*Gard*). — Comité des enfants à la montagne, créé, en 1903, par l'Association des souscripteurs en faveur des colonies de vacances. Président : M. le Pasteur Dupuy, au Collet-de-Dèze (Gard). En 1903, 10 colons placés à Saint-André-de-Valborgne

(Gard); en 1904, 18 colons placés à Lamelouze (Gard). Prix de revient : 15 fr. par tête pour un mois.

LAVAUR. — Comité de l'œuvre des enfants à la montagne, subventionné par l'Association des souscripteurs en faveur des colonies de vacances.

Président : M. l'inspecteur primaire de Lavaur (Tarn). En 1904, 6 colons réunis à ceux de Carmaux.

FIRMINY (*Loire*). — Comité filial de l'Œuvre stéphanoise. Président : M. Demozay, à Firminy. En 1904, 10 colons; 150 prévus en 1905. Subvention de l'Association des souscripteurs.

VIENNE (*Isère*). — Comité filial de l'Œuvre stéphanoise des enfants à la montagne. 100 colons prévus en 1905.

LA RICAMARIE (*Loire*). — Comité semblable. 50 colons prévus en 1905.

VILLARS (*Loire*). — Comité semblable. 20 colons envoyés dans la Haute-Loire en 1904; 20 colons prévus en 1905. Subvention de l'Association des souscripteurs.

GIVORS (*Rhône*). — Comité semblable. 25 colons prévus en 1905.

SAINT-PRIEST (*Loire*). — Comité semblable. 25 colons prévus en 1905.

RIVE-DE-GIER (*Loire*). — Comité semblable. 100 colons prévus en 1905.

MONTÉLIMAR. — Comité semblable. 25 colons prévus en 1905.

MONTBÉLIARD. — Comité semblable. Président : M. le Pasteur Draussin (27, faubourg de Besançon, à Montbéliard). En 1904, 21 colons placés chez des cultivateurs des Vosges et du Jura. Prix de revient : 38 fr. 70 par tête pour un mois. Subvention de l'Association des souscripteurs.

TARBES. — L'Œuvre des colonies de vacances a été fondée à Tarbes, en 1903, par M. Cambillard, inspecteur de l'Assistance publique. Président : M. Ripet, inspecteur d'Académie. En 1903, 6 colons envoyés au Sanatorium marin de Cap-Breton (Landes); en 1904, 37 colons placés à la montagne d'Ossau. Prix de revient : 45 fr. 90 par tête pour un mois. Subvention de l'Association des souscripteurs.

Saint-Quentin. — L'*Œuvre des enfants à la campagne* a été fondée en 1904. Président : M. Piltois (28, rue Calixte-Souplet, à Saint-Quentin). En 1904, 55 colons placés dans les villages de la Thiérache. Prix de revient : 36 fr. par tête pour un mois. Subvention de l'Association des souscripteurs.

Nantes. — Comité municipal de colonies de vacances. Président : M. Poulain, adjoint au maire de Nantes. Subvention de l'Association des souscripteurs. 250 enfants vont tous les jours, pendant la belle saison, à Doulon-lès-Nantes, propriété mise à la disposition de la ville en 1902 par M. Durand-Gasselin.

Fontainebleau. — Comité subventionné par l'Association des souscripteurs. Présidente : Mlle Farjat (20, rue Dumesne, Fontainebleau).

Nîmes. — L'*Œuvre des enfants à la montagne*, filiale de l'Œuvre stéphanoise, a été fondée à Nîmes en 1903. Présidente : Mlle Fabre, (boulevard de la République). En 1904, 168 colons placés chez des cultivateurs de la Haute-Loire et de l'Ardèche ; 300 colons prévus en 1905. Dépense en 1904 : 6.343 fr. 20. Prix de revient : 36 fr. 70 par enfant pour 6 semaines. Subventions du Conseil général, de la municipalité, de l'Évêché, du Pasteur protestant, de la Loge maçonnique, de la Ligue fraternelle des enfants de France, du Syndicat de la presse, de l'Association des souscripteurs en faveur des colonies.

Castres. — Le Sanatorium infantile de Vialas reçoit des enfants débiles de la région de Castres, sans distinction politique ou religieuse. Présidente de l'œuvre : Mme Bouffé (8, place de la République, Castres). Prévisions de 1905, 50 colons.

Alger. — *Le Sou des petits Algériens*. Comité filial de l'Œuvre de Saint-Étienne dite des Enfants à la montagne, a été fondé en 1904. Présidente : Mme Gavault-Saint-Léger (12, boulevard Bon-Accueil, Alger-Mustapha).

En 1904, 29 colons impaludés envoyés en France. 60 colons prévus en 1905.

Séjour de 2 mois dans les montagnes de la Haute-Loire. Passage gratuit de la Méditerranée.

Prix de revient : 50 fr. par enfant, soit 0 fr. 85 par jour et par tête.

Subventions du Gouverneur général, de la Ligue de l'enseignement et de l'Association des souscripteurs en faveur des colonies.

ORAN. — Un Comité similaire existe à Oran. Président : M. le Pasteur Enbroyat. 50 colons prévus en 1905.

AGEN. — *L'Œuvre des petits Agenais à la montagne* a été fondée en 1899 par M. Monbrun, juge au tribunal d'Agen, sur le modèle de l'œuvre de Saint-Étienne.

Les colons sont divisés militairement en 4 sections et 8 escouades, sous le commandement d'un enfant bien doué, promu au grade de sergent et secondé par deux caporaux.

Un sergent-major de 16 ans, sorte de surveillant général, assisté d'un clairon et d'un fourrier, s'occupe du maintien de la discipline, de l'entretien des effets, des comptes, des relations entre logeurs et enfants, du bien-être, de la sécurité et de la conduite de tous.

Les écoliers, munis d'un sac et d'une musette du modèle de l'armée, emportent leurs vivres de route et exécutent, sac au dos, avec M. Monbrun, de grandes manœuvres ou plutôt de véritables voyages en zigzag, à la Topffer, par étapes de 10 à 20 kilomètres. C'est une véritable compagnie d'infanterie, sachant faire tous les mouvements de l'école de section et de l'école de compagnie. Les enfants ne sont chez les logeurs que pour manger et dormir; M. Monbrun s'en occupe du matin au soir. Ils couchent dans les granges et souvent sur la paille, aux côtés de leur chef. Celui-ci s'applique à la fois « à entraîner leur corps à la fatigue, à ouvrir leur intelligence et à tremper leur caractère ».

Placement familial à Pouzac, près Bagnères-de-Bigorre.

Durée : 6 semaines.

En 1899, 31 colons; en 1900, 51; en 1901, 63; en 1902, 65; en 1903, 71; en 1904, 91, soit depuis la fondation 372, provenant presque exclusivement des écoles communales.

Budget de 1904 : 4.200 fr.

Prix de revient : 60 fr. par enfant, soit 1 fr. 35 par jour.

Cotisation demandée aux parents : 12 fr.

Subventions du Conseil municipal, du Ministère de l'Intérieur et de la Ligue de l'enseignement.

LYON. — Les Œuvres de vacances de Lyon sont municipales et

privées, ces dernières subdivisées en libérales, protestantes ou catholiques.

La municipalité a deux institutions : *Le Serverin* (Isère), et l'*Œuvre municipale lyonnaise des enfants à la montagne.*

1° En 1897, M. Fisch mit à la disposition de la ville, avec un bail de 50 ans et un loyer fictif de 400 fr., son domaine du *Serverin*, (410 hectares), par Parmilieu (Isère), où des séries de 150 enfants des deux sexes et des écoles primaires publiques vont passer, successivement, 21 jours chaque année.

En 1895, 100 colons; en 1896, 300; depuis 1898, 450.

Budget municipal : 18.230 fr.

Prix de revient : 43 fr. 53, ou 1 fr. 93 par jour et par enfant.

2° *L'Œuvre municipale lyonnaise des enfants à la montagne* a été fondée par la Caisse des écoles, en 1901, sur les conseils et suivant la méthode du Pasteur Comte, de Saint-Étienne. Président : M. le maire de Lyon. Directeur : le Dr Beauvisage.

Placement familial dans l'Ardèche pendant 40 jours.

En 1901, 160 colons; en 1902, 635; en 1903, près de 900; 1.200 prévus pour 1905, sur 16 à 17.000 enfants des écoles primaires.

Budget de 1902 : 25.278 fr. 80.

Prix de revient : 39 fr. 80, ou 1 fr. par jour et par tête.

Le *Progrès de Lyon* et le *Lyon républicain*, imitant le système des souscriptions de la presse parisienne, ont envoyé à ces deux œuvres un certain nombre d'enfants.

Les Œuvres privées protestantes sont :

1° L'Œuvre lyonnaise de M. le Pasteur Puyroche (27, cours Morand), fondée en 1893, et rattachée à l'œuvre de Saint-Étienne, mais indépendante de celle des enfants à la montagne de Lyon.

Placement familial dans la campagne des environs de Lyon et dans la Haute-Loire.

En 1903, 131 colons; 150 prévus en 1905; et depuis sa fondation 583.

Budget de 1903 : 4.856 fr.

Prix de revient : 31 fr. 50 pour 40 jours, soit 0 fr. 78 par jour et par enfant. Contribution des parents, obligatoire, de 5 francs par enfant.

2° La maison de convalescence et de vacances pour jeunes filles protestantes (Église réformée de Lyon), fondée en 1845, à Champagne, au Mont-d'Or (Rhône). Colonie d'internat.

En 1903, 43 colons de 3 à 16 ans.

Prix de pension : de 10 à 20 fr. par mois.

L'Œuvre privée libérale est la *Solidarité scolaire du IIe arrondissement de Lyon*, fondée, en 1902, ~~par le Cercle d'études sociales du IIe arrondissement (11, cours Suchet)~~, pour les enfants des écoles libres ou laïques, sans aucune distinction de culte ou de provenance. Président : M. Michel Garnier, conseiller municipal (8, rue Bourgelat).

Placement familial chez des cultivateurs du Haut-Beaujolais.

Séjours de 4 à 5 semaines.

En 1902, 20 colons; en 1903, 175; en 1904, 216; en 1905, 500 inscrits.

Budget de 1902, 3.000 fr.; de 1903, 5.800 fr.; de 1904, 6.700 fr.; de 1905, de 15 à 16.000 fr.

Prix de revient : 1 fr. par jour et par tête.

Près de 500 enfants ont profité de l'œuvre depuis sa fondation.

Grâce à la création d'œuvres filiales dans les autres arrondissements, on a prévu le chiffre de 600 colons environ pour 1905.

Les colonies catholiques paraissent en 1902. Celle du patronage Saint-Augustin, à la Croix-Rousse, est fondée par M. l'abbé Bruneau, vicaire à Saint-Augustin, qui emmène à l'orphelinat de Douvaine (Haute-Savoie), mis à sa disposition, 28 enfants de sa paroisse.

Les conférences de Saint-Vincent-de-Paul s'entendent, en 1903, pour fonder leur *Comité des enfants à la montagne* (2, rue Sainte-Hélène), et pour envoyer à Verrières (Loire) et à Saint-Jean-Soleymieux (Loire), pendant un mois, sous la conduite de séminaristes en vacances, 130 enfants appartenant aux familles visitées par elles, ou dépendant des trois patronages de Saint-Vincent, Saint-Nizier et Notre-Dame-de-Bellecombe.

M. l'abbé Bruneau reprend aussi sa colonie de Douvaine avec 35 enfants. Donc, en 1903, 4 colonies dans 3 localités, comprenant près de 200 garçons.

Le mouvement se propage en 1904. Presque tous les patronages y prennent part. 100 enfants des conférences de Saint-Vincent-de-Paul vont au petit séminaire de Verrières (Loire), en deux colonies dirigées par M. l'abbé Vallier, assisté de séminaristes du diocèse de Lyon. 50 colons venant du patronage de Saint-Augustin, conduits par M. l'abbé Bruneau, vont à Douvaine (Haute-Savoie). 33 colons du patronage de Notre-Dame-de-Bellecombe vont à Domessin (Savoie). 40 enfants du patronage de Saint-Nizier vont à Larajasse (Loire). 45 enfants des patronages Saint-Louis de la Guillotière et de l'École cléricale de Sainte-Croix vont à Saint-Jean-Soleymieux (Loire). 45 enfants des patronages de Saint-Vincent et Saint-Joseph vont également à Soleymieux, à quelque distance de cette dernière colonie : soit 313 colons, auxquels il faut joindre 30 enfants du patronage de Saint-Bruno, dirigés sur Largentière (Rhône), 45 enfants du patronage de Roanne, réuni à la Cité de l'Enfant-Jésus de Lyon, à Saint-Just-en-Chevalet et à Saint-Didier-sur-Rochefort (Loire), enfin une dernière colonie de 50 enfants de Roanne, Saint-Étienne et Rive-de-Gier, à Marlhes (Loire).

Dans cette année 1904, les Comités catholiques de Lyon ont fait bénéficier 678 enfants : 200 des deux sexes du placement familial, et 478 garçons du placement collectif, dans 12 colonies d'internat dirigées par 40 séminaristes.

Prix de revient : 35 fr. par tête pour 40 jours, soit 0 fr. 93 par jour.

Petite contribution des parents obligatoire.

Ajoutons que le Cardinal-archevêque de Lyon a donné à Mgr Dadolle, Vicaire général et recteur des Facultés catholiques, des petits séminaires et des écoles secondaires ecclésiastiques, mission de diriger les colonies de son diocèse, et de mettre à leur service les jeunes prêtres de ses séminaires.

Des périodiques, tels que l'*Écho des vacances* de Verrières, l'*Écho des patronages catholiques*, à Lyon, et le *Bulletin de l'Œuvre des petits bergers*, à Besançon, s'efforcent de conserver chez les anciens colons l'esprit de camaraderie avec le souvenir de leur solidarité.

IV

On peut ramener à trois types très distincts les méthodes de colonies de vacances.

Dans le premier type, les enfants sont logés en commun dans un même local, villa scolaire, école communale vacante pendant l'été, propriété prêtée, louée ou acquise, spécialement aménagée pour abriter une collectivité à la campagne ou à la mer. C'est la *colonie d'internat.*

Dans le second type, les enfants sont confiés, par petits groupes de 2 à 4 au plus, à des familles de cultivateurs recommandables, moyennant un prix débattu, dans des régions réputées les plus saines. C'est le *placement familial.*

Dans le troisième type, les enfants sont conduits tous les jours, pendant quelques semaines, en pleine campagne, et rentrent le soir au foyer paternel, après avoir pris beaucoup d'exercice, fait une cure de lait ou de suralimentation. Nous nous occuperons seulement des deux premiers cas, le troisième n'étant guère appliqué, jusqu'ici, qu'à l'étranger.

La colonie collective et le placement familial ont leurs partisans et leurs adversaires; les deux systèmes présentent des avantages et des inconvénients. Aussi, nous efforcerons-nous d'exposer impartialement les préférences et les raisons des deux partis, d'après les annuaires, comptes-rendus, correspondances des directeurs, etc., de ces œuvres de bienfaisance.

L'internat de vacances, disent les rapporteurs des colonies municipales, disons mieux, des Caisses des écoles, donne les meilleurs résultats. On n'a jamais reçu de plaintes relatives au groupement des enfants colonisés; tous paraissent rapporter chez eux plus de santé et d'aptitudes, avec les meilleurs souvenirs. Il est certain qu'en placement collectif, la bonne alimentation peut être assurée, l'installation pratique, la surveillance matérielle et morale de tous les instants, la vie en commun fructueuse en résultats, la discipline exercée avec facilité, le temps passé de façon méthodique, intelligente et raisonnée. La joie communicative « épanouit les enfants et contribue à les régénérer ».

Le Dr Mathieu, rapporteur de la colonie de Châtillon-sur-Seine (Côte-d'Or), appartenant au Xe arrondissement de Paris, déclare que les vacances de ses pupilles « améliorent d'une façon notable non seulement leur santé, mais leur éducation morale ».

« La plupart, dit M. Delarasse, de la Caisse des écoles du XIIIe arrondissement, ne connaissent que le quartier où ils habitent; pour eux le monde se réduit à deux ou trois rues où ils jouent, où ils polissonnent... Tout à coup, les voilà transportés au milieu des champs et des bois. Leurs yeux avides contemplent cette nature; ce spectacle grandiose les émeut, les enchante, les instruit ; ils échangent leurs impressions. Et alors maîtres et maîtresses de leur donner, dans des entretiens familiers, de véritables leçons de choses. Tous nos maîtres sont unanimes à signaler cette influence moralisatrice. Bref, ce séjour collectif développe chez les anémiés l'esprit d'initiative comme les bons sentiments. »

« C'est la rénovation physique, lisons-nous dans le rapport de la Caisse des écoles du XVIe arrondissement, amenant par voie de conséquence un équilibre intellectuel et moral beaucoup plus stable. »

Sous ce titre : *Application rationnelle du système des colonies*, le Dr Noir, Président du Comité médical de l'*Œuvre des colonies scolaires de vacances*, œuvre indépendante et d'initiative privée, écrit en 1905 : « Les vacances des enfants ont une assez courte durée. Il faut que nos colons sortent de leur milieu urbain sans se sentir absolument dépaysés. Il faut qu'ils trouvent autour d'eux des camarades de mêmes goûts, de même éducation, prêts à prendre part à leurs jeux et à leurs ébats; qu'ils soient surveillés par des maîtres connaissant bien leur caractère, capables d'apprécier leurs qualités et de juger de leurs défauts. L'isolement relatif du placement familial donnerait lieu, au début, à une période d'ennui pénible, et les enfants ne bénéficieraient pas, de suite, de la cure d'air de durée restreinte à laquelle ils sont soumis. »

Dans le placement familial, les enfants vivent de la vie du fermier.

Écoutons M. le Pasteur Comte, de Saint-Étienne, fondateur de l'Œuvre si prospère et si répandue des *Enfants à la montagne*, et qui a adopté ce mode, en le considérant comme idéal.

« Si vous enfermez les enfants dans une maison, le séjour à la campagne ne sera que la continuation de l'école. Tout sera fait méthodiquement, au son de la cloche, promenades communes, repas réglementaires, etc. Vous rendrez la campagne odieuse et vous empêcherez ces enfants de goûter la vie en plein air. Au contraire, si vous les placez chez des particuliers, c'est la vie de famille qui se prolonge, c'est la liberté que vous accordez à ces chers petits. Leurs vacances sont réellement des vacances; ils peuvent se détendre tout à leur aise, crier, chanter, courir, suivre le père nourricier dans les champs, la ménagère au jardin, s'intéresser aux choses de la ferme, et commencer leur apprentissage d'homme et de femme. Enfin il importe que les populations des villes et celles des champs se pénètrent de plus en plus, afin qu'elles comprennent l'étroite solidarité qui relie leurs intérêts. »

A cela bien des gens répondent : Vous objectez la discipline, apparente bien plus que réelle, des colonies d'internat. Remarquez qu'elle est imposée par la plupart des œuvres, même non confessionnelles, dans l'intérêt commun et la stricte mesure que le bon ordre réclame. Et puis quel éducateur niera son utilité, ou plutôt son importance, pourvu qu'elle soit bien comprise et sagement modérée, comme instrument de dressage, et comme le seul moyen vraiment efficace d'assouplir la volonté, de réformer le caractère, d'accoutumer au devoir?

Avec votre système, pas de surveillance, pas de promenades, pas de leçons d'hygiène, pas davantage de distractions intelligentes, pas de causeries, pas de gaîté. C'est l'isolement, le désœuvrement et l'ennui, peut-être l'immoralité. On a transplanté des enfants du carré de leur cinquième ou du trottoir de leur rue aux pieds d'une meule de paille ou dans la cour d'une ferme, où ils errent avec les volailles. S'ils rencontrent quelque gamin du village, ils s'attachent à lui, fument des cigarettes, ce qui est reconnu détestable pour leur croissance, chantent les refrains populaires et jouent au citadin. Ou bien ils ont suivi le logeur à son champ. Ils sont là, livrés à eux-mêmes, sur le revers du fossé du chemin, et sans autre distraction que de bavarder avec la bergère. L'oisiveté est complète; c'est « du pacage », comme le dit M. l'abbé Vallier, directeur de la colonie de Verrières (Loire), et l'abrutissement dans le silence du hameau désert.

On dit encore que le régime alimentaire sera grossier, irrégulier, que les petits Parisiens ne sauront s'accommoder de la nourriture frugale dont se contentent, par exemple, les pupilles de M. Comte, chez les rudes paysans de la Haute-Loire; enfin que les fillettes seront particulièrement abandonnées et cela non sans dangers; que pour des enfants délicats la surveillance constante sera impossible.

Il est certain qu'on peut se demander si le colon se rendra compte de la sobriété, du courage, de la persévérance et de l'économie du cultivateur qui lui prête un instant sa ferme, sans avoir pour mission de lui donner l'exemple. Et puis, comment attendre des logeurs, qui ne reverront sans doute jamais leurs petits pensionnaires, et qui n'auront pas le droit d'exiger d'eux un travail, — ceci est partout stipulé — du temps perdu pour les instruire, les distraire des heures entières, ou même leur donner de simples notions d'hygiène qu'en braves villageois qu'ils sont ils ignorent eux-mêmes ! Il faudra qu'un délégué de l'œuvre aille les chercher, pour les aider à passer intelligemment leur temps, jouer, causer, marcher avec eux, et, supposé que ce Mentor improvisé soit animé d'un zèle et d'un dévouement rares, il n'y aura, pour l'enfant, ni jeux, ni fêtes, ni conférences, ni rien qui modifie le cours de ces monotones vacances.

Au point de vue sanitaire, le système ne sera pas moins bon que le premier. Évidemment le jeune colon engraissera. Mais combien difficile et délicat ce choix du logeur ! Il faudra enquête sur enquête, pour placer un groupe important, et des surveillants dévoués, des tournées d'inspecteurs tombant à l'improviste, qui ne sauront que bien difficilement ce qui se passe, car les enfants interrogés mentent, exagèrent, font les difficiles et les dégoûtés, ou bien abusent d'une liberté dont ils n'ont point encore fait le plus simple apprentissage.

Ce placement, il est vrai, a deux avantages : Il est bien moins onéreux que le premier, puisqu'il n'entraîne aucun frais d'installation, d'entretien d'immeuble et de personnel ; en second lieu, il y a moins de risque de maladie contagieuse que dans une collectivité. Ce pourrait être, aussi, une initiation très utile à la vie des champs, et si les petits déracinés prenaient envie de devenir des ouvriers agricoles, il y aurait là un mode de *repiquage*, pour parler comme les fermiers, que nous ne saurions trop encourager.

Si le placement familial est généralement adopté en Angleterre, en Allemagne, aux États-Unis, le placement collectif en colonie d'internat semble prévaloir en France, comme en Belgique, et cette préférence s'explique par des raisons de convenance, jugées plus appropriées au tempérament français.

C'est l'opinion de M. André, Inspecteur de l'enseignement primaire à Reims, fondateur de l'Œuvre des voyages scolaires; du Dr Venot, rapporteur de la colonie du VIIe arrondissement, qui considère le placement familial comme « un pis-aller »; de M. Boutroux, secrétaire général de la Ligue des enfants de France, qui, remarquons-le, ne met guère en pratique que le placement familial; de M. de Lassuchette, directeur des Saines vacances; de M. Legoy, Président de l'Œuvre des colonies scolaires de vacances; de M. Max Turmann, d'après son bel ouvrage sur l'*Éducation populaire*, couronné par l'Académie française; de

M. l'abbé Bruneau, initiateur des colonies catholiques de Lyon; de M. l'abbé Vallier, directeur de la colonie de vacances de Verrières (Loire); de Mgr Dadolle, Vicaire général de Lyon, chargé par le Cardinal-archevêque de diriger les nombreuses colonies de son diocèse; enfin de la plupart des délégués aux derniers Congrès de Paris (1889), Genève (1896), Paris (1900), et Bruxelles (1903).

« Quand on ne s'occupe pas activement des petits colons, nous écrit de Verrières M. l'abbé Vallier, au point de vue moral, en groupements collectifs, ils se déforment à la campagne. On vante à l'excès, ajoute-t-il, les résultats physiques obtenus par l'œuvre si vaste du Pasteur Comte, dont j'admire le zèle qu'on ne saurait trop louer, alors qu'on passe sous silence les résultats plus ou moins amoraux et parfois détestables de son mode de colonisation. Il est pénible pour nous, qui aimons tant la jeunesse, de voir les enfants envoyés par la ville de Lyon à la campagne revenir en débraillés et chantant la *Carmagnole*. » Et le même directeur de déclarer qu'il ne trouve acceptable le placement familial qu'avec l'intervention constante du curé, d'un instituteur ou d'un délégué très recommandables, et un règlement de vie comme pour un patronage rural.

Il est vrai qu'une méthode intermédiaire entre les deux systèmes a été essayée avec succès. Les enfants sont répartis, dans un seul village, entre des familles connues; leur directeur les réunit tous les matins, passe la journée entière avec sa petite troupe, sans la quitter un seul instant, et chacun rentre à son logis uniquement pour passer la nuit. Avec une telle surveillance, la promiscuité des colons venant de milieux divers est certainement moins redoutable. C'est l'externat à bon marché, et la vie libre en commun, c'est-à-dire la vie sociale.

Quant au patronage rural, on conviendra qu'il présente des garanties d'ordre moral dont les bienfaiteurs de l'enfance n'ont que trop de raisons de se préoccuper. Il offre cet avantage de permettre au directeur de connaître tous les enfants, de même que ceux-là se connaissent, d'écarter plus sûrement de son petit troupeau les brebis galeuses, de faire de sa colonie une véritable famille, et de vivre sans cesse de la vie de ses protégés comme ceux-ci vivent de la sienne. Nous pouvons citer comme exemple ces exodes de patronages et ces écoles de dévouement que les Lyonnais ont établis sous la forme paroissiale. Un inspecteur général de l'enseignement primaire, M. É. Petit, n'a-t-il pas dit : « Les patronages, au lieu d'être simplement des groupements de récréation, devraient être des groupements de solidarité sociale. Ils pourraient déléguer, pendant les vacances, jeunes gens et jeunes filles, qui seraient eux-mêmes directeurs de promenades, conférenciers, guides des colons, partout où il est nécessaire que les écoliers des villes aillent respirer l'air salubre... »

A notre avis, il serait téméraire d'affirmer qu'il y ait lieu d'exclure une méthode au profit d'une autre. Pour tous ceux qui s'occupent des enfants pendant leurs vacances, les colonies, en général, sont un moyen merveilleux d'exercer sur eux une influence très souvent décisive, d'amender leur caractère, d'élever leur esprit et d'orienter leur âme, sans perdre un instant de vue le but sanitaire que l'on s'est proposé d'atteindre. Mais tout est question de mesure. Si les jeunes colons bénéficient presque toujours du dressage paternel auquel ils sont soumis dans un internat, nous devons convenir que certaines catégories d'enfants, notamment ceux de quelques régions provinciales, se trouvent fort bien placés chez des paysans. Il faut en conclure que les vertus privées des directeurs, surveillants ou cultivateurs en contact avec leurs pupilles peuvent et doivent compenser, dans une large mesure, les divers inconvénients que nous avons signalés.

Quels sont donc les résultats de tant d'efforts dépensés en vue des enfants du peuple? Nous allons les consigner d'autant plus volontiers qu'ils sont remarquables au triple point de vue physique, intellectuel et moral.

En ce qui concerne leur *santé*, tous les rapports constatent à l'unanimité la plus-value, dans toutes les régions, en montagne, en plaine, à la mer, et dans toutes les colonies collectives et familiales. Ils partent, les joues pâles et les yeux cernés, les membres frêles et la démarche gauche, et le passant qui les regarde se remémore peut-être la pitié du poète :

> Où vont tous ces enfants dont pas un seul ne rit,
> Ces doux êtres pensifs que la fièvre amaigrit... ?

Quand ils reviennent, ils sont méconnaissables; toute leur physionomie reflète la confiance qu'ils ont en eux-mêmes, les joies qu'ils ont ressenties; les joues sont roses et le regard ouvert.

Pour la première fois peut-être de leur vie, songez qu'ils ont eu

Résultats obtenus en 1 mois de séjour [1].

Garçons

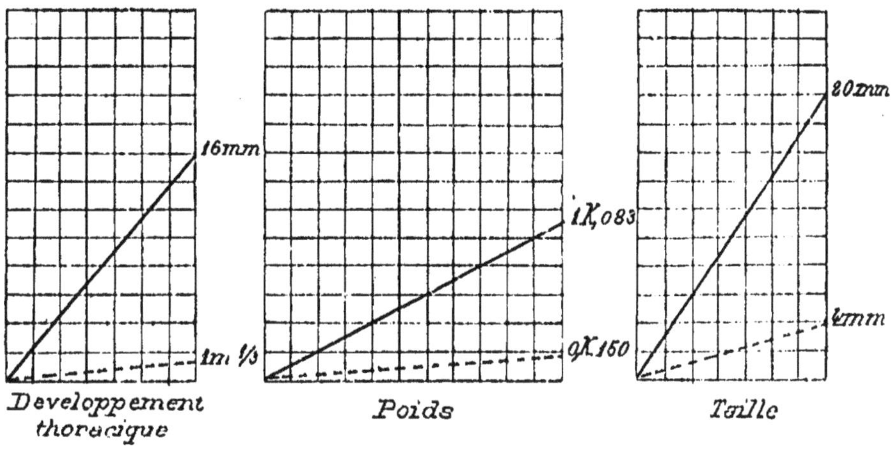

Filles

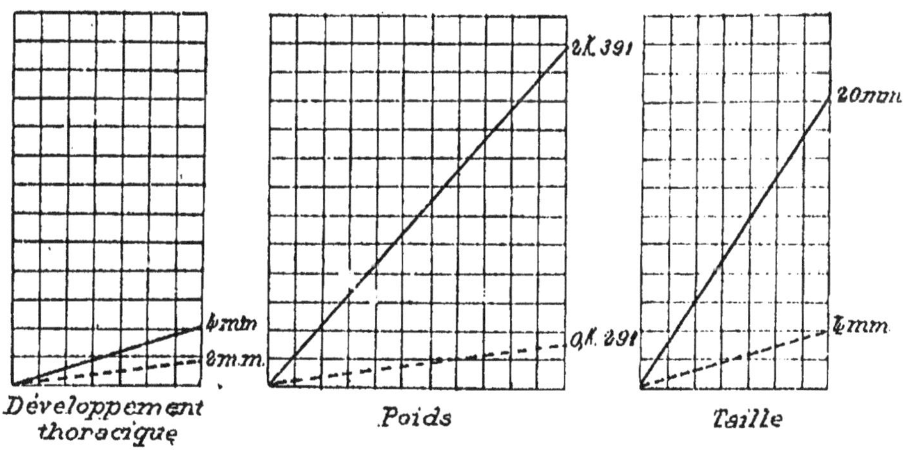

[1] Nous devons ces graphiques à l'extrême obligeance de Mme R. de Félice, qui a bien voulu nous autoriser à les reproduire ici. L'accroissement normal est indiqué par un trait *pointillé;* l'accroissement obtenu grâce aux colonies de vacances par un trait *plein.*

leur part de soleil, de verdure, d'horizon, cueilli les fleurs des champs et les fruits des potagers !

Ils ont été soigneusement pesés et mesurés au départ et au retour. Partout, les garçons ont engraissé, en moyenne, d'une livre par semaine, de 1 kilo et demi en 21 jours, de 2 kilos par mois, et les filles ont gagné un peu plus, soit 100 à 150 grammes environ par semaine, sans doute en raison d'une moindre somme d'exercice et d'un égal appétit.

En taille, les colons ont gagné en général 5 fois la mesure normale, en poids 7 et 8 fois.

L'accroissement du périmètre thoracique, auquel les médecins font jouer un grand rôle, en ce qu'il augmente les échanges respiratoires, résultat dû principalement aux promenades chantées, a

Augmentation de poids pendant 11 mois dont 1 aux colonies de vacances.

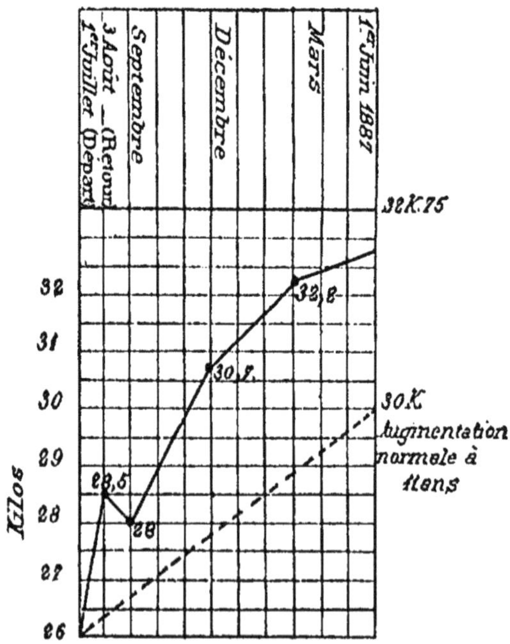

Marthe P. (11ans).

été chez les garçons de 1 centimètre 08, c'est-à-dire 12 fois la normale, celui prévu pour une année entière, et chez les filles, qui ne font aucun exercice violent, seulement du double de la normale.

Les globules rouges du sang ont augmenté en nombre de 722 et 725 pour 1.000 globules sanguins analysés au départ, à 911 et 955 °/₀₀ au retour, à 935 et 982 °/₀₀, 4 mois après la cure d'air.

Les effets médicaux des colonies scolaires ont été étudiés en Suisse par M. Bion et le Dr Leuck, en Allemagne par le Dr Warrentrapp, en Italie par le Dr Federici, en Pologne par le Dr Markiewicz, en France par le Dr Mirabail, de Toulouse, le Dr Demozay, des mines de Firminy, etc.

A l'aide de ces travaux, des courbes très intéressantes ont été relevées par M. et Mme de Félice, Présidents de l'Association des

Augmentation de taille pendant 11 mois dont 1 aux colonies de vacances.

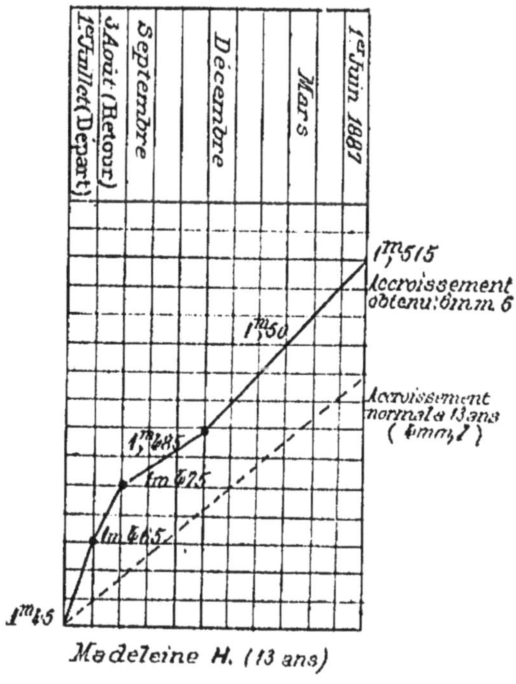

(1) *Lire* : 6 centimètres 5 ; 4 centimètres 7.

souscripteurs en faveur des colonies. D'après ces graphiques, le retour au foyer paternel est marqué de suite par un fléchissement ; la poussée est ralentie et subit même un recul. La courbe va-t-elle revenir lentement à son point de départ? Nullement.

Après six semaines environ d'acclimatement au milieu malsain d'où l'on est parti, le développement reprend un nouvel essor, poursuit sa marche ascendante, et le trait de croissance reste définitivement bien au-dessus du trait de la normale. Ces observations sont si concordantes que quelques médecins vont jusqu'à prétendre qu'il y a là, pour les enfants de 10 à 14 ans, une sorte de loi physiologique mal étudiée jusqu'à ce jour.

La cure d'air a donc atteint son but : un accroissement de force vitale, une régénération de la santé, disons mieux, une transformation remplie de promesses.

Développement du périmètre thoracique en 3 mois dont 1 aux colonies de vacances.

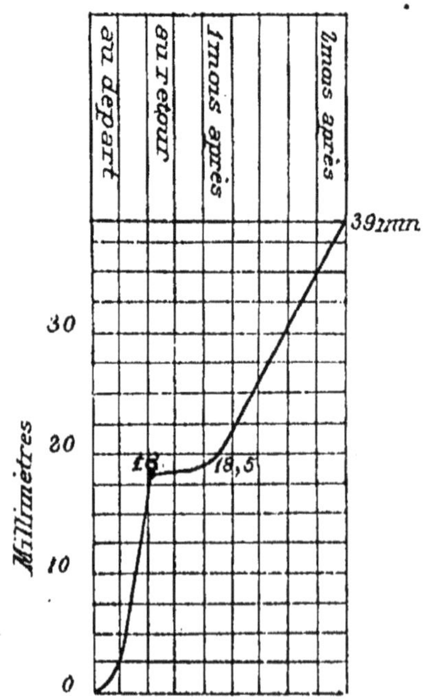

Accroissement du nombre des globules sanguins en 5 mois dont 1 aux colonies de vacances.

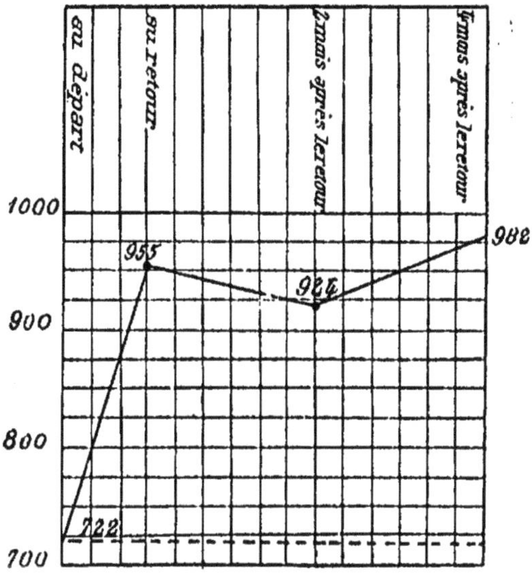

Filles

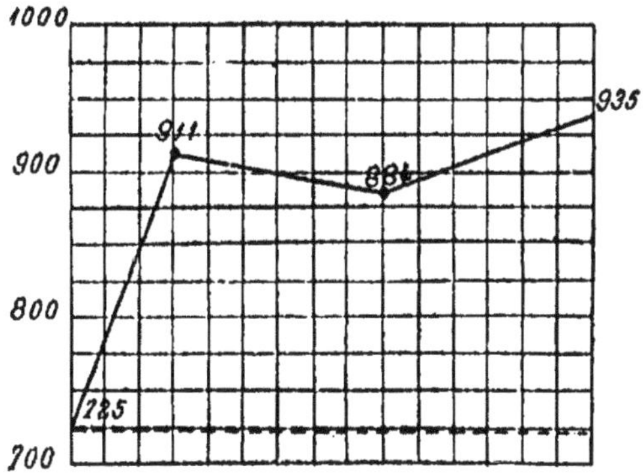

Garçons

Les résultats *intellectuels* ne peuvent se mesurer ni se peser aussi facilement, mais ils ne sont pas moins considérables. Les yeux de ces jeunes citadins ont découvert une foule de choses inconnues. Procédés d'hygiène, qu'on ne saurait trop enseigner, habitudes de politesse et de savoir-vivre, esprit d'initiative, leçons de choses : Que de bénéfices, que de degrés franchis, que de fenêtres ouvertes, dans leur cerveau passif ou incapable d'élargir l'horizon de leurs pensées ou de rectifier leur jugement ! Que d'occasions pour eux de se rendre compte de ce qu'ils n'ont pu comprendre qu'imparfaitement dans les livres ! Lorsqu'ils reviendront à l'école, débrouillés, rafraîchis par le sang plus vigoureux qui circulera dans leurs veines, ils apprendront mieux et de meilleur cœur. S'ils arrivent à triompher définitivement de leur faiblesse physique, qui sait si leur maître ne découvrira pas chez eux des aptitudes insoupçonnées, et des facultés mentales endormies jusqu'alors dans la paresse et l'apathie !

A quoi bon, d'ailleurs, tant d'études et de connaissances, si l'on n'a pas la force de les utiliser ? Tous les jours nous entendons répéter que nos enfants travaillent trop, travaillent trop tôt. « Combien absurde et stérile, dit très justement Lefébure dans son *Éducation physique en Suède*, est l'instruction livresque trop exclusivement donnée à des enfants dont le cerveau fait partie d'un corps chétif et anémié ! Ces avortons scolaires, s'ils ne sont arrêtés par un surmenage précoce, traînent avec leur érudition le souci dominant de leur faiblesse physique, et sont d'avance des vaincus dans la lutte pour l'existence. »

Quant aux résultats *moraux*, tout dépend de la colonie et de l'esprit qui l'anime. Beaucoup pensent qu'il ne suffit pas de faire gagner à de pauvres enfants une livre de graisse par semaine. Il y a mieux à faire ; on peut réaliser un bien plus durable ; il faut viser à ce qu'ils rentrent meilleurs à leur foyer. Dans certaines colonies, un tel souci ne se devine guère. Dans d'autres, au contraire, c'est la pensée dominante et le rêve du directeur. Le tout est de savoir choisir.

Il ne vous a point échappé ce que nous avons dit des œuvres socialistes, comme « La nature pour tous », qui tentent malheureusement d'importants groupes d'ouvriers. Il est bon de les bien connaître, pour mettre en garde certains philanthropes contre leur conception de la solidarité, les tendances de leur programme, les dangers de leur propagande. Vous avez vu, par ailleurs, tous les efforts que les œuvres protestantes, israélites, catholiques et laïques, — celles-là subventionnées en grande partie par les pouvoirs publics, — faisaient pour rivaliser dans la recherche des meilleurs intérêts des enfants chétifs. Bien qu'on ait prétendu le contraire, des abus regrettables ont été signalés dans quelques colonies soi-disant neutres. Telle raille la religion, telle autre le drapeau. Un publiciste, M. Delay, n'a-t-il pas récemment rapporté certains faits de nature à suggérer la défiance des pères de famille? Nous pourrions en citer d'autres, exceptionnels, il est vrai, mais qui seraient déplorables si, bien loin de jeter le discrédit sur cette institution, ils ne provoquaient pas, dans des régions diverses, la plus heureuse concurrence.

On ne disconvient pas ici que la philanthropie païenne soit digne d'être louée. Nous croyons, cependant, qu'elle est loin de passer pour le dernier mot de la bienfaisance et de l'amour du prochain. Il importe donc, selon nous, que la colonie collective ou familiale soit sagement organisée et chrétiennement dirigée. Un but moral n'est atteint qu'avec une morale chrétienne, et la morale civique anti-confessionnelle, comme on l'appelle aujourd'hui, ne saurait suffire à nous rassurer sur la mentalité de ses jeunes adhérents.

Sous le bénéfice de ces réserves, reconnaissons, avec les rapporteurs annuels des colonies de vacances, les progrès constatés dans le domaine moral.

Ici, nous dit-on, les enfants se sont bien améliorés, au contact de paysans satisfaits de leur existence laborieuse et pauvre. Là, ce furent les apaisements de la vie rustique, les victoires de la volonté par l'endurance des marches, le développement de l'esprit d'obéissance et de solidarité. D'un côté, les colons se sont un peu débarrassés des préjugés de leur monde. Ils ont compris, comme nous l'écrit M. Monbrun, au sujet des bataillons de ses petits Agenais, « ce que c'est que d'être responsable et de soi-même et d'autrui ».

D'autre part, ils ont vu de près des hommes de cœur, qui, pour les conquérir sans les endoctriner ni les contraindre, se consacraient à les aimer, éveillaient leur conscience du bien et du mal, et leur enseignaient par l'exemple le dévouement, le désintéressement, la bonté, l'accomplissement des devoirs que le Décalogue impose envers Dieu et le prochain. Autant de bons souvenirs, suffisants peut-être, pour les retenir un jour sur la pente du vice, et qu'il leur sera doux plus tard de caresser! « La sollicitude dont ils ont été entourés, écrit M. André dans son récent Annuaire, a réchauffé leur cœur et leur a inspiré des sentiments meilleurs. » Ils ont appris, comme l'a dit M. le Pasteur Comte, ce qui est beaucoup à notre époque, à s'aimer, non à se haïr. Certes, nous pouvons prétendre, avec M. Max Turmann, que bien des natures se sont assouplies, que bien des caractères se sont trempés, pendant ces quelques semaines où l'écolier, sorti de son milieu habituel, est apparu plus expansif, plus confiant, plus accessible à l'éducation moralisatrice. Mais comme on conçoit mieux, en lisant les Rapports pleins de monographies et d'aperçus pris sur le vif qui nous ont passé sous les yeux, les salutaires influences qu'exerce sur ces âmes d'enfants la vie commune et joyeuse, avec tout ce qu'elle comporte de douceur, de dévouement, de fraternité et de services mutuels !

Il nous reste à dire comment fonctionnent ordinairement les colonies, le prix de revient des enfants, les précautions que l'on doit conseiller à ceux qui veulent en établ[illegible] notamment en ce qui concerne les accidents, enfin les vœux que l'expérience a suggérés autour de nous pour mettre la France, à ce point de vue, au niveau de l'étranger.

Choix des colons. — Il a été très sagement prescrit aux Caisses des écoles parisiennes de choisir les enfants les plus anémiés, en écartant, bien entendu, les malades et les infirmes. On ne doit pas l'oublier, il s'agit d'assister la classe indigente. Il ne saurait être question de donner aux enfants aisés et bien portants des récompenses de palmarès. Il faut veiller aussi à ce que l'œuvre des colonies ne puisse dégénérer en agence de villégiatures.

Les Comités privés admettent des colons de 8 à 15 ans, les Caisses des écoles de Paris de 10 à 12 ans. Bien qu'on ne puisse établir aucune règle à cet égard, il a été reconnu que l'âge où la cure d'air est le plus profitable est celui de la formation, de 11 à 13 ans. Dans cette importante question du choix des enfants, l'œuvre devrait toujours s'en rapporter à l'avis décisif de son Comité médical. Nous pourrions désigner de ces petits Conseils de révision en miniature parfaitement organisés. Il serait à souhaiter, toutefois, que des fiches uniformes fussent employées partout, notamment pour les poids et mesures. Tant que les directeurs d'œuvres de vacances n'auront pas adopté les mêmes procédés de contrôle, on ne pourra déduire évidemment que des statistiques approximatives et donnant prise à la critique.

Les municipalités choisissent des enfants appartenant tous aux écoles laïques, ce qui n'est pas très équitable, puisque leurs subventions sont des deniers publics; les sociétés privées ne font, en général, aucune distinction d'origine, de culte et d'école.

L'expérience a démontré que le chiffre de 30 à 40 enfants par colonie était un maximum qu'il ne fallait pas dépasser.

Lieux de séjour. — C'est au Comité médical qu'il appartient de distinguer si l'enfant a besoin d'aller à la montagne, à la mer ou à la campagne. Quelques associations apportent à cet égard un soin tout particulier. Plusieurs sont assez riches, l'Œuvre des colonies scolaires de vacances entre autres, pour avoir des stations dans tous les genres, et cela pour le plus grand bien des enfants appelés à en bénéficier. Trop peu sont à la mer actuellement, mais l'on conviendra que le diagnostic et le choix climatérique peuvent avoir pour les colons des conséquences capitales.

Trousseau. — Tous les Comités s'occupent de la question du trousseau, bien entendu réduit à l'essentiel, examinent les paquets la veille du départ, et complètent le nécessaire. En cela, les Dames, nous dit M. André, Directeur de l'œuvre des voyages scolaires, de Reims, sont pour le bon fonctionnement des colonies d'indispensables auxiliaires. Plusieurs associations, comme celle de M. le Pasteur Frank-Puaux, ont des vestiaires; plusieurs œuvres aussi, comme celle des Pupilles de la presse, fournissent gratuitement le costume, la coiffure et les objets de toilette.

Durée du séjour. — Le Congrès de Genève de 1882 ayant déclaré qu'une cure d'air de 3 semaines est suffisante, les Caisses des écoles de Paris ont adopté 21 jours. Les œuvres privées procurent des vacances de 3 à 6 semaines, pour le plus grand profit de leurs pupilles. Dans son rapport sur l'Exposition de 1900, M. René Leblanc émet l'avis qu'il y a plus d'inconvénients que d'avantages à laisser les enfants trop longtemps éloignés de leurs parents, c'est-à-dire au delà de 3 semaines à 1 mois. « La curiosité s'épuise et l'ennui les gagne. » M. le Pasteur Comte estime que 45 jours sont nécessaires, et il proteste énergiquement contre le chiffre de 21 jours. Aujourd'hui la tendance s'accuse de plus en plus, dans l'intérêt de la santé des colons, à prolonger la cure de 3 à 6 semaines.

Emploi du temps. — Il comprend : soins de propreté, services de ménage, exercices gymnastiques, jeux, promenades chantées, bains froids, visites d'usines et de monuments, lectures et causeries familières, séances de comédies, de projections, etc. Les colons correspondent une ou deux fois par semaine avec leurs familles. C'est l'occasion de leur donner à la fois des leçons d'écriture, de grammaire, d'orthographe et de style. Sur l'initiative de M. Fabius de Champville, il a été créé une association dite *Œuvre du timbre des colonies scolaires*, qui procure à chaque enfant le moyen d'écrire gratuitement à ses parents. Dans les internats, la surveillance est faite par les directeurs ou directrices, instituteurs ou institutrices, ou encore par les délégués des Comités d'œuvres.

Tâche parfois pénible et toujours délicate, car il s'agit de garder des enfants d'origine et d'éducation très différentes, de veiller sans cesse sur leur bien-être et leur sécurité, d'occuper leurs longs loisirs, de leur éviter l'ennui et la nostalgie du foyer.

Il est recommandé d'avoir des instituteurs mariés, afin que, suivant Topffer, il y ait autour des colons « une femme qui soit l'amie des bien portants et la mère des éclopés, et auprès de qui les plus jeunes puissent trouver de ces prévenances maternelles que les hommes ne sauraient avoir ». Quant aux enfants placés chez l'habitant, les curés, maires, surveillants, salariés ou de bonne volonté, se partagent la mission d'aller les voir, de les grouper et de les distraire. A ce point de vue, rappelons l'admirable dévouement de M. Monbrun pour ses petits Agenais à la montagne, ainsi que son originale organisation militaire.

Assurances. — Bien peu d'œuvres assurent leurs pupilles. On doit cependant conseiller de le faire autant que possible. En 20 ans, trois enfants sont morts seulement sur 9.192. Mais il y a des accidents. Il en est arrivé deux en 1903. Un colon s'est noyé en prenant un bain de mer; un autre a été écrasé, non mortellement, par une charrette, et des revendications en dommages et intérêts, fort heureusement réglées à l'amiable, ont fait craindre un moment des débats judiciaires. Quelle que soit la surveillance, il peut toujours survenir des incidents regrettables au préjudice des maîtres ou des enfants.

Pour atténuer une telle responsabilité, la plupart des directeurs font signer par les parents : 1° une déclaration constatant que leurs enfants ne sont atteints d'aucun mal contagieux ou chronique; 2° une décharge de responsabilité civile, en cas d'accident ou de maladie. Cette précaution, il faut le dire, ne saurait soustraire les œuvres ou les personnes à la responsabilité générale édictée par les articles 1382 à 1386 du Code civil, qui veulent que chacun répare le dommage causé par son fait ou celui de ses répondants. La garantie en raison des fautes est toujours due, nonobstant toutes clauses contraires. Donc, il ne suffit pas de faire signer aux parents une déclaration, pour dégager l'œuvre de toute responsabilité; il faut encore passer un contrat d'assurances.

L'Œuvre stéphanoise des enfants à la montagne se garantit moyennant 20 centimes par colon, pour toute la durée du séjour en vacances, mais seulement contre les accidents survenant en cours de route. L'Œuvre des voyages scolaires, de Reims, paye 10 centimes par jour et par enfant. Les Comités de Lyon trouvent des conditions plus avantageuses. Tarif : 30 à 35 centimes par enfant, pour toute l'année, en sorte que la colonie d'internat dans un collège peut, le mois de séjour écoulé, faire bénéficier de son assurance les élèves de ce collège pendant les onze mois suivants.

Le Secours (15, rue des Pyramides) assure la Caisse des écoles du Xe arrondissement jusqu'à concurrence de 5.000 francs par victime et 30.000 francs par catastrophe. Tarif : 5 francs par professeur, 4 francs par auxiliaire, 1 franc par enfant et par saison (21 jours).

En vue d'un règlement transactionnel, une indemnité de 1.000 fr. au maximum est également garantie. On remarquera que *Le Secours* ne prend que 25 centimes par enfant pour les patronages, entre autres ceux de la Maison-Blanche, de M. l'abbé de Pitray à Saint-Sulpice, de Mme Alexandre-Dumas d'Hauterive à Saint-Joseph, et l'École préparatoire de la rue Lhomond.

L'Abeille-Accidents (57, rue Taitbout) assure l'Œuvre des saines vacances, en garantissant non seulement contre la responsabilité civile, mais encore contre le fait même d'un accident entraînant la mort ou une infirmité. Tarif : 1 franc par enfant et 5 francs par domestique, quelle que soit la durée du séjour en vacances. L'indemnité peut s'élever à 4.000 francs par victime et 100.000 francs par sinistre. La Société n'assure pas les maîtres ou les surveillants. Mais cette lacune pourrait être comblée, sans doute, par d'autres maisons, entre autres *l'Enseignement* (35, boulevard Bonne-Nouvelle), assurant les instituteurs et institutrices contre les risques et revendications des parents à l'égard des enfants des écoles. Tarif : 3 fr. 60 la première année, 2 francs après.

La Zurich-Accidents, société suisse (14, rue Favart), garantit l'Œuvre des colonies scolaires de vacances, de la rue de Louvois, contre les risques de la responsabilité civile jusqu'au maximum de

10.000 fr. par accident. Tarif : 10 centimes par enfant et par jour; forfait de 3 francs par maître pour 21 jours.

La Zurich nous a proposé, par égard pour l'Office central, un nouveau tarif. La prime à payer par chacune des œuvres auxquelles il s'intéresse serait, par tête et par jour, de 2 centimes 1/2 pour une garantie de 10.000 francs par victime et de 50.000 francs par catastrophe; de 2 centimes pour une garantie de 5.000 francs par victime et de 25.000 francs par catastrophe (0 fr. 42 pour 21 jours, 0 fr. 60 pour 1 mois, par enfant).

Contribution des parents. — Depuis longtemps l'expérience a montré qu'il était nécessaire de faire collaborer les enfants à la dépense, et de les intéresser aux succès de l'œuvre. Il ne faut pas abuser de la générosité, peut-être aveugle, de ceux qui donnent, mais il faut aussi lutter contre l'égoïsme, peut-être inconscient, de ceux qui reçoivent. L'homme n'apprécie que ce qui coûte, et plus il s'aide lui-même, plus il est digne de l'aide d'autrui. La moralité de la rétribution scolaire est la même que celle des vacances. La question a été trop souvent étudiée pour qu'il soit nécessaire d'insister davantage.

A Lyon, Toulouse, Saint-Étienne, elle est rigoureusement exigée, si minime soit-elle. Dans cette dernière ville, les versements correspondent en moyenne à 22 % des dépenses. La Caisse des écoles et les patronages catholiques de Lyon ont même créé le *Carnet du Sou à la montagne*, sorte de cagnotte ou de caisse d'épargne, dans laquelle les parents font de petits versements partiels, pendant les dix mois de l'année scolaire. M. le Pasteur Puyroche, de Lyon, demande 1 franc d'inscription et 0 fr. 20 par semaine. L'Association des instituteurs fait verser 30 francs aux parents, l'Œuvre des colonies scolaires de vacances et d'autres Comités 25 francs, au minimum, véritables cotisations de sociétaires de l'œuvre. Les donateurs peuvent désigner les titulaires. A Paris, les Caisses des écoles, si largement subventionnées avec les fonds municipaux, ne reçoivent que des versements infimes, en dépit des doléances de leurs Présidents.

Budget et prix de revient. — D'après les rapports des Caisses des écoles et des sociétés privées, les recettes proviennent de la faible contribution des parents, de souscriptions particulières, de subventions des ministères, des municipalités et de la Ligue de l'enseignement, de ventes, concerts, bals et tombolas.

Quant aux dépenses, le taux varie suivant les distances, le type de la colonie, le nombre du groupement dans une colonie d'internat, les frais généraux de surveillance et de régime. Les chemins de fer de l'État et des compagnies accordent 50, 60 et 75 % de remise, suivant les cas; celle-ci est plus ou moins élevée suivant le nombre des colons.

On a calculé que les frais de voyage et de séjour d'un enfant s'élèvent, en moyenne, de 3 fr. à 3 fr. 50 par jour dans une colonie municipale de Paris, de 2 fr. à 2 fr. 50 par jour dans une colonie d'internat privé, de 0 fr. 50 à 1 fr. par jour dans une colonie familiale chez des cultivateurs.

Les œuvres protestantes de Paris, comme celles de Mme Franck-Puaux et de M. le Pasteur Lorriaux, demandent l'une 1 fr. 20, l'autre 1 fr. 90 par jour et par tête; l'Œuvre des saines vacances, de M. de Lassuchette, 2 fr. 15; l'Œuvre des colonies scolaires de vacances, 3 fr.; M. le Pasteur Comte, de Saint-Étienne, et la plupart de ses filiales, de 0 fr. 50 à 1 fr.; les patronages catholiques de Lyon, 1 fr. Plusieurs de ces derniers réduisent leurs frais généraux, en louant des draps au prix de 0 fr. 70 la pièce pour un mois.

Les Caisses des écoles de Paris ont le prix de revient le plus élevé. La raison en est qu'elles rétribuent un maître ou une maîtresse à 100 fr. par groupe de 20 enfants. Ainsi, en 1903, la dépense s'est élevée, dans le VIIe arrondissement, à 3 fr. 28 par jour et par colon (pour 124 colons), et les frais des maîtres à 938 fr. 50. Dans le Ier arrondissement, il y avait 3 maîtres pour 46 garçons et 3 maîtresses pour 44 filles, soit une surveillance pour 15 colons, et une dépense de ce chef de 600 fr., sans compter 211 fr. de frais d'administration; le prix de revient du colon était de 3 fr. 61 par jour. Dans le IIIe arrondissement, on a payé 450 fr. d'honoraires de médecin pour 220 colons. De là la majoration des prix de revient dans les écoles municipales.

Propagande. — Il reste aux Comités privés à trouver d'ingénieux moyens pour se procurer des ressources, car les cotisations et subventions répondent d'une manière insuffisante aux désirs de bien des familles. On comprend mal que dans un pays où l'impôt du pari mutuel produit 4.000.000 de fr. par an, on ne trouve pas toujours l'argent nécessaire pour sauver de l'étiolement, au prix de quelques pièces de vingt sous — il en faut 50 — un enfant délicat, père ou mère à venir.

A une époque où l'école buissonnière est inscrite aux programmes de l'instruction primaire, il y a lieu de s'étonner de ne compter que 14.000 petits Français dans le recensement des colonies scolaires de 1902, alors qu'une seule institution de Londres a pu, dans la même année, assurer des cures d'air à 34.000 enfants anglais. Est-il, pourtant, œuvre plus attachante que de doubler ses bienfaits en ajoutant à la santé — arme infiniment plus nécessaire que l'instruction dans la lutte pour l'existence — l'illusion du vrai bonheur et la joie des enfants des riches ? Rappelons-nous ce qu'une Reine a dit en vers dans sa langue maternelle : « Pour créer de la joie, donne ton repos, ta liberté, ta pensée la plus sainte, ta fantaisie la plus riche. Pour créer de la joie, rien n'est trop bon de ce qui t'appartient ; il n'est si petite main qui soit trop petite, pas de bourse qui soit trop légère, pas de cœur qui soit trop endeuillé. »

La propagande se fait par la presse, les conférences, les brochures, les expositions, les petits journaux d'enfants comme *Mon Journal*, *le Petit Français*, *l'Écolier*, *le Saint-Nicolas*. Elle pourrait être très favorisée chez nous par les tirelires, fort usitées à l'étranger, utilisées à l'Œuvre de la Chaussée du Maine, et qu'on pourrait placer avec succès comme articles de comptoirs dans les ventes de charité, ou encore, comme en Belgique et en Hollande, dans les cercles et casinos des villes d'eaux et des bains de mer, restaurants et cafés, grands magasins, bureaux de tabac, guichets de départ des gares de chemins de fer.

Les Bons de vacances, loteries, distributeurs automatiques et cartes postales illustrées pourraient aussi donner de bons résultats.

La Ligue de l'enseignement cherche aujourd'hui à rétablir, pour créer de nouvelles colonies scolaires, *le Sou des écoles laïques*, qui lui permit jadis de soutenir les œuvres auxquelles elle portait intérêt.

Desiderata. — On souhaite actuellement une fédération de toutes les colonies scolaires. Il est certain qu'une grande société, reconnue d'utilité publique, parviendrait sans doute à réaliser la permanence des colonies, vœu de tout fondateur inquiet de l'avenir. Beaucoup d'efforts dans cet ordre d'idées ne demeureraient plus stériles. Cela soulève plusieurs difficultés : questions de personnes, questions d'études, questions d'argent. Elles ne sont pas insurmontables. On songe aussi à créer des mutuelles, afin de répartir leurs fonds entre les différentes œuvres, et d'envoyer aux quartiers pauvres, comme le XIe arrondissement, le trop-plein des quartiers riches, où les dons sont plus nombreux et les misères moindres. Ce serait réaliser un juste équilibre entre les offres et les demandes.

De cette mutualité résulterait peut-être d'autres avantages. Pourquoi ne procéderait-on pas, par exemple, à des échanges de colons entre arrondissements ? Aujourd'hui les écoliers d'un même quartier de Paris vont, par centaines, au même endroit, à la mer, en plaine, en montagne, suivant la localité choisie par la Caisse des écoles. Il serait bien désirable que ces stations d'air pur fussent, autant que possible, appropriées à la nature et aux besoins de chacun des enfants.

L'Office central des œuvres de bienfaisance a été récemment invité à créer un Secrétariat d'œuvres de vacances. M. le secrétaire général a dû répondre que l'Office pourvoyait déjà au but que l'on se proposait d'atteindre, en aidant indistinctement tous les Comités d'œuvres de ses renseignements et de ses conseils.

Dans un article fort remarqué de la *Revue philanthropique*, M. Arthur Delpy a proposé l'établissement d'une Caisse centrale municipale. Il s'est aussi demandé si la Société philanthropique ne pourrait pas accepter la mission de faire procéder à l'examen médical des colons dans chacun de ses dispensaires, si parfaitement répartis par arrondissements.

Nous avons mentionné plus haut l'Association des souscripteurs en faveur des colonies de vacances, qui paraît pleine d'activité, d'esprit d'initiative et de zèle pour propager les œuvres qui nous occupent. La Ligue fraternelle des enfants de France se recommande aussi pour servir d'intermédiaire entre les enfants riches et pauvres. En effet, rien de plus touchant que cette formule d'adhésion à la Ligue, formule qui devrait être répandue dans toutes les familles : « Je promets de secourir avec affection et dans la mesure de mes forces mes frères et sœurs malheureux, les enfants pauvres ou abandonnés. Je promets aussi de verser etc... »

Parmi les desiderata qui nous ont été soumis, mentionnons encore la création d'un Office de voyages gratuits de vacances, pour les petits déracinés que des parents pourraient recevoir en province, et l'établissement dans certaines colonies de ces jardins-ouvriers, dont les succès vont grandissants partout où ils sont établis, et que nous avons signalés plus haut comme une annexe d'œuvre très digne d'attention, à propos des enfants colonisés à Grenoble (Isère).

On doit rappeler ici que trois vœux, émis en faveur du développement des colonies de vacances « *pour la régénération de la race française* », ont été adoptés, en 1903, par le Congrès d'assistance publique et de bienfaisance privée tenu à Bordeaux [1].

Nous n'aurons garde d'oublier un autre vœu qui intéresse toutes les familles. Le 19 février 1904, les représentants d'un groupe d'œuvres privées de colonies de vacances, présidés par M. le Pr Lorriaux et M. Delpy, ont adressé au Ministre de l'Instruction publique une pétition, tendant à ce que la date des vacances scolaires fût fixée au 14 juillet, et celle de la rentrée maintenue au 1er octobre, afin de procurer 15 jours plus tôt qu'actuellement, aux enfants des écoles primaires, les bienfaits de la campagne, de la montagne ou de la mer.

A l'heure présente il se prépare, sous l'inspiration de M. le Pasteur Comte, un Congrès de colonies de vacances, qui aura lieu à Paris, au commencement de l'automne.

Voici l'appel adressé par le zélé fondateur de l'Œuvre des enfants à la montagne (*Le Relèvement social*, 15 avril 1904) :

Les œuvres si intéressantes des colonies d'enfants ont vécu jus-

[1] *Congrès de Bordeaux*, 1er juin 1903 :

1° Sont adoptées les conclusions suivantes de M. le Dr Bourrillon, relatives à la création en France de stations d'air pour les écoliers :

« Il est désirable qu'il soit créé des stations d'air très économiquement installées où pendant la belle saison, des enfants des écoles pourront, moyennant une faible dépense, recevoir une nourriture suffisante et passer la journée au grand air.

Le séjour de ces stations sera réservé aux enfants convalescents, débiles ou anémiés, et, en général, à tous ceux qu'il est nécessaire d'arracher, au moins durant la journée, à l'insalubrité du logement et au travail scolaire normal.

La station sera placée dans la situation topographique la meilleure au point de vue de l'hygiène, tout en restant le plus possible à proximité des quartiers habités par les enfants.

Les Œuvres post-scolaires existant déjà, ou des Sociétés philanthropiques créées dans ce but, pourvoiront à ces installations et aux frais de séjour des enfants pauvres. »

2° Sont adoptées les conclusions suivantes présentées par MM: Bonnin et Lauga :

« Vu les merveilleux résultats obtenus en France et à l'étranger par les colonies de vacances (colonies maritimes, de plaines, ou d'altitude), tant au point de vue du développement physique qu'au point de vue moral de l'enfant ;

Considérant que venir au secours des enfants anémiques, chétifs, débiles ou lymphatiques, véritables candidats à la phtisie ou à la tuberculose, et les transporter dans un site paisible et réconfortant, c'est faire œuvre de préservation sociale ;

Considérant que ce système d'hygiène préventive et d'hygiène morale installé

qu'ici dans l'ignorance les unes des autres. Elles sont aujourd'hui si nombreuses, et leur développement si considérable, que M. le Pasteur Comte a jugé le moment venu de mettre en commun leurs expériences, et de voir, d'après ce qu'elles ont fait, ce qu'elles pourraient faire, en comparant les résultats obtenus et les méthodes employées. En 1903, on compte 20.000 enfants ayant bénéficié d'un séjour prolongé à la campagne ou à la mer. C'est peu, si l'on compare ce qui se fait en France, en Allemagne, en Angleterre, en Hollande, en Suisse, en Belgique.

L'institution a fait ses preuves. Les médecins y voient un des moyens préventifs les plus efficaces pour lutter contre la tuberculose, les gens de bien la regardent comme un moyen de procurer aux enfants pauvres quelques-uns des avantages intellectuels et moraux dont jouissent les enfants riches. Les représentants de toutes les colonies se réuniront donc pour coordonner leurs efforts et étudier certaines questions, dont la solution peut singulièrement favoriser le développement de ces œuvres.

Il sera question de réunir toutes les colonies en une fédération qui, tout en laissant à chaque société l'autonomie la plus absolue, leur permettrait cependant de bénéficier des avantages de la reconnaissance d'utilité publique, qui serait accordée à la fédération.

Il sera mis à l'étude :

1° un projet de Caisse d'assurance mutuelle contre les accidents et de secours médicaux;

2° un projet de fiche médicale uniforme pour tous les enfants,

par les Colonies de vacances répond admirablement aux préoccupations de l'heure présente : la diminution de la mortalité infantile;

Considérant que c'est dans l'immense masse des classes laborieuses, qui sont trop souvent les classes malheureuses, que s'élaborent les forces vives de la nation; que c'est vers ces futures générations que va notre espoir et que doit aller notre sollicitude;

Le Congrès émet le vœu :

Que les Colonies de vacances soient encouragées et multipliées au profit des enfants anémiés par l'air des grandes villes, et que le gouvernement prélève, chaque année, sur les fonds du pari mutuel, une somme pour concourir à la formation desdites institutions qui n'ont qu'un seul but : la *régénération de la race française*. »

3° M. Georges Delvaille, à propos des Colonies scolaires de vacances, émet le vœu qui est adopté :

« Que les municipalités et concurremment avec elles les caisses des écoles et toutes les institutions analogues fondent des Colonies de vacances;

Que ce genre d'œuvre soit recommandé comme un des plus capables de fortifier la santé des enfants et d'améliorer leur moral en même temps que celui de leurs parents. »

afin que les résultats obtenus puissent être contrôlés scientifiquement.

3° On s'occupera des mesures à prendre pour que les compagnies de chemins de fer accordent des billets à prix réduits pour enfants et surveillants.

4° Démarches collectives pour obtenir des subventions plus élevées des municipalités et des Conseils généraux.

5° Extension des bienfaits de l'œuvre aux mères et jeunes filles.

Messieurs, voilà des faits, des méthodes, des résultats, des vœux. Mais vous l'avez dit bien souvent à l'Office central des œuvres, il y aura toujours à innover en matière de bienfaisance. Il se trouvera toujours aussi des hommes de volonté pour donner l'exemple, et prendre des initiatives très dignes d'être encouragées. Terminons donc en faisant tous nos souhaits pour le succès d'un Congrès qui répond si bien aux besoins nouveaux du pays. C'est avec joie que nous verrons encore ses promoteurs et ses membres propager de bonnes semences, et, s'il ne leur est pas donné de jouir de tous les fruits de leurs efforts, qu'importe ! puisque la patrie les récoltera.

Eugène Plantet.

BIBLIOGRAPHIE

Les Colonies scolaires et les tentatives similaires dans le domaine de l'hygiène de l'enfance, par M. le Pasteur Walter Bion (Berne).

La lutte contre la tuberculose et les Colonies scolaires comme œuvres de préservation, par le Dr Noir (Paris, 1904).

Colonies scolaires et tuberculose, par le Dr Mirabail (Toulouse, 1902).

Paris charitable et prévoyant. Tableau des œuvres et institutions du département de la Seine (Office central des œuvres de bienfaisance, 175, boulevard Saint-Germain, Paris, 1904).

L'Idéal du foyer, Revue dirigée par M. l'abbé Toiton, Mars, Août, Septembre et Octobre 1903 (7, avenue des Gobelins, Paris).

L'Éducation populaire, par M. Max Turmann (Paris, Lecoffre, 1904).

En plein air. Brochure de l'Action populaire, par le même auteur (15, rue d'Angleterre, Lille, 1904).

L'Œuvre des enfants à la montagne, par M. le Pasteur Louis Comte (38, rue de Fontainebleau, Saint-Étienne, 1902).

Rapports sur l'Exposition universelle de 1900, par M. René Leblanc (classe 1), et par M. Mourier (classe 112).

Les Colonies de vacances de l'Association des instituteurs, rapport de M. Dequen (mairie du XIe arrondiss[t], Paris, 1903).

Rapports annuels de la Commission de l'enseignement au Conseil municipal;

— *des Caisses des écoles des 20 arrondissements de Paris sur leurs Colonies de vacances* (au secrétariat de chaque mairie);

— *de l'Œuvre des Colonies scolaires de vacances* (6, rue de Louvois, Paris);

— *de l'Œuvre des Colonies de vacances dite de la Chaussée du Maine* (2, cité Gaillard, Paris);

— *de l'Œuvre des trois semaines* (51, rue Gide, Paris);

— *de l'Association des souscripteurs en faveur des Colonies de vacances* (16, rue Dufétel, Versailles);

— *de l'Œuvre des saines vacances*, pour les enfants des patronages catholiques de Paris (371, rue de Vaugirard, Paris);

— *de la Colonie de vacances du patronage Olier* (66, rue d'Assas, Paris);

— *de la Colonie enfantine scolaire de Franceville* (Montfermeil, Seine-et-Oise);

— *de l'Œuvre des Colonies maternelles scolaires* (mairie du IVe arrondiss[t]);

— *de la Ligue fraternelle des enfants de France* (50, rue Saint-André-des-Arts, Paris);

— *de la Maison maternelle* (38, rue Manin, Paris);

— *de l'Œuvre israélite des séjours à la campagne* (81, rue de Monceau, Paris);

— *de l'Union familiale* (172, rue de Charonne, Paris).

L'Enseignement libre, Bulletin de la Ligue de la liberté de l'enseignement, notice de M. de Witt-Guizot, juillet-août 1901 (33, rue de Babylone, Paris).

Collection du journal La Presse (Œuvre des pupilles de la Presse);

— *de Mon Journal* (Œuvre du Sou de Mon Journal).

L'Œuvre des Colonies de vacances, par M. de Félice (16, rue Dufétel, Versailles, 1903).
Bulletins mensuels de la Ligue française de l'enseignement (16, rue Miromesnil, Paris).
Note sur les établissements publics d'enseignement primaire à Paris (décembre, 1903).
L'École nouvelle, par M. Beurdeley (Paris, Delagrave).
L'Enfant, Revue pour la protection de l'enfance, février 1904 (13, rue de l'Ancienne-Comédie, Paris).
Le Relèvement social, (38, rue Fontainebleau, Saint-Étienne).
Revue du Bien (83, boulevard Poniatowski, Paris).
L'Avenir de la mutualité, articles de MM. Rochelle et Ratton (à Bordeaux).
Rapports et Bulletins annuels de l'Œuvre des enfants à la montagne, de Saint-Étienne;
— — *de l'Œuvre des voyages scolaires*, par M. André (71, rue Hincmar, Reims);
— — *de l'Œuvre rouennaise des enfants à la mer;*
— — *de l'Association rouennaise pour la préservation de la tuberculose* (Rouen 1904);
— — *de l'Œuvre des enfants à la montagne*, de Valence;
— — *municipaux de la Ville du Hâvre;*
— — *de l'Enseignement primaire des Bouches-du-Rhône* (Colonies scolaires de Marseille);
— — *de l'Union bordelaise des patronages laïques;*
— — *de l'Œuvre des enfants à la montagne* (Église réformée de Lyon);
— — *médicaux et administratifs du Dispensaire général de Lyon* (124, rue Molière, Lyon);
— — *de la Société de Saint-Vincent-de-Paul de Lyon, sur l'Œuvre des enfants à la montagne* (2, rue Sainte-Hélène, Lyon);
— — *de l'Œuvre des Petits Toulousains aux Pyrénées*, par M. Gillard (Toulouse);
— — *de la Voix de Jeanne d'Arc*, Œuvre du Rayon de soleil pour la jeune fille, à Domrémy (Vosges);
— — *de l'Œuvre des petits bergers*, par M. l'abbé Marmier (Besançon).
Un mois de vacances à Saint-Jean-Soleymieux (Loire), par M. l'abbé Lévêque (Lyon, 1904).
Une colonie de vacances dirigée par des séminaristes, par M. l'abbé Vallier (extrait du *Recrutement sacerdotal*, décembre (Lethielleux, Paris, 1904).
Bulletin des anciens élèves de Saint-Sulpice sur les Colonies de vacances, (Limoges, 1903).
L'Écho des vacances à Verrières (Loire), par M. l'abbé Vallier (Verrières, Loire).
Colonies de vacances, par Un ami des enfants (Châlon-sur-Saône, 1904).
Œuvre des saines vacances (avec un règlement), par M. l'abbé Bruneau (Limoges, 1903).
La Santé de l'écolier, par les Drs Delvaille et Breucq (Paris, Nathan).
Les Colonies scolaires de vacances à Toulouse, par le Dr Mirabail (Toulouse, 1904).
Les Voyages et leur utilité dans l'éducation. L'Œuvre des voyages scolaires, par M. André (Paris, 1898).
Les Voyages en zigzag ou *Excursions d'un pensionnat en vacances*, par Topffer (Garnier, 1843).
L'Éducation physique en Suède, par M. le commandant Lefébure (Bruxelles, 1903).
Mes recherches sur la marche de la nature dans l'éducation, par Pestalozzi, 1821.

Bulletin médical et administratif du Dispensaire général de Lyon, Contribution à l'étude de la protection de l'enfance, par le Dr Horand, nos 163 à 166, 175 à 180 (1903-1904).
Belgique charitable, par Mme Vloeberghs (Bruxelles, 1904).
Die Zurcherischen Ferien-Kolonien, par M. Toggenburger (Zurich, 1901).
La Charité privée à l'étranger, par M. Albert Montheuil (Paris, 1898).
Les Colonies scolaires, par A. Van Lede (Daveluy, à Bruges).
Les Colonies de vacances en France et à l'étranger, par M. E. Cottinet (Recueil de monographies pédagogiques).
Les Œuvres d'assistance de la Caisse des écoles du VIIe arrondissement, par les Drs Bresset et Venot (Paris, 1904).
Des Colonies scolaires de vacances, par le Dr Delfour (Toulouse, 1896).
Les Colonies de vacances de Lyon, par le Dr Vuillermoz (Lyon, 1897).
Les Colonies de vacances de Mulhouse, par M. Paul Fabre (Berne, 1895).
Revue pédagogique, articles de M. Brouet (Les Colonies scolaires de la Ville de Paris, 1902), — de M. Causeret (1898), — de M. Martin (1903).
Revue philanthropique, Rapport sur les Colonies de vacances fait à la Société internationale pour l'étude des questions d'assistance, par M. Arthur Delpy (juin et juillet 1903), — Article de M. Risler (juillet 1903), — Article de M. Boutroux (juin 1904).
Le Correspondant, Choses d'Allemagne, Colonies de vacances, par Mme Fiedler (septembre 1901). — Les Colonies de vacances, par M. Paul Delay (septembre 1904).
Le Monde moderne, Les Cures d'air populaires, par Mme Fiedler (novembre 1902).

PARIS — IMPRIMERIE F. LEVÉ, RUE CASSETTE, 17.

www.ingramcontent.com/pod-product-compliance
Ingram Content Group UK Ltd.
Pitfield, Milton Keynes, MK11 3LW, UK
UKHW031929260826
14628UKWH00004B/1513

9 782016 129791